青少年篮球教学理论与训练实践

杜东旭　刘世翔◎著

中国原子能出版社

图书在版编目（CIP）数据

青少年篮球教学理论与训练实践 / 杜东旭，刘世翔
著. --北京：中国原子能出版社，2023.6
ISBN 978-7-5221-2760-6

Ⅰ. ①青… Ⅱ. ①杜…②刘… Ⅲ. ①青少年–篮球
运动–教学研究②青少年－篮球运动－运动训练 Ⅳ.
①G841.2

中国国家版本馆 CIP 数据核字（2023）第 112346 号

青少年篮球教学理论与训练实践

出版发行	中国原子能出版社（北京市海淀区阜成路 43 号　100048）
责任编辑	杨晓宇
责任印制	赵　明
印　　刷	北京天恒嘉业印刷有限公司
经　　销	全国新华书店
开　　本	787 mm×1092 mm　1/16
印　　张	11.75
字　　数	204 千字
版　　次	2023 年 6 月第 1 版　2023 年 6 月第 1 次印刷
书　　号	ISBN 978-7-5221-2760-6　　　**定　价　72.00** 元

网址：http://www.aep.com.cn　　　　E-mail：atomep123@126.com
发行电话：010-68452845　　　　　　版权所有　侵权必究

作者简介

杜东旭 男，毕业于西南大学运动与体育科学专业，博士研究生，现任职于遵义师范学院，教师，研究方向为儿童运动与健康。获得研究生国家奖学金，发表多篇高水平学术论文，成功申请多项发明专利，多次获评全国、省、市级优秀体育工作者，长期从事儿童体适能教育。

刘世翔 男，毕业于北京体育大学体育人文社会学专业，研究生，现任职于重庆大学，副教授，国家级篮球裁判员，研究方向为体育教学与训练。发表论文10余篇，多次获评全国、省、市优秀体育工作者。

前　言

篮球运动是当今世界上开展得较为广泛的体育项目之一，它所具备的诸多特点与价值能让参与其中的运动者受益匪浅。现代篮球运动更汇集了现代科技学、教育学、人文学、社会学以及各类自然科学，成为一门多学科交叉的、多元化的新型边缘性运动和学科门类。纵观当代优秀球队的竞技比赛，给人强烈的印象是它的整体性、技艺性和智谋性，既能显示出其自身高、大、健、壮、狠、准、美等形态与机能，又能显示出内层理念上的情操、志向、意志、毅力和协作拼搏精神，更能显示出深层的意识、心态、气质、灵感、韬略、哲理和文采等智慧潜能。

当前篮球运动发展的突出特点和趋势是创新，只有不断地创新，才能突破前人的成就，篮球运动才能不断发展。但是从整体上来看，当前世界篮球运动的发展具有一定的不均衡性，篮球运动人才水平也表现出参差不齐的特点。美国和西欧一些国家的篮球发展水平较高，篮球人才也较多。而我国篮球运动水平与世界一流水平相比，仍存在一定的差距，篮球人才也较为缺乏。青少年的健康发展对于一个民族和国家的未来至关重要，在篮球人才的培养中也不例外。可以说，青少年篮球人才在我国篮球运动的发展中发挥着根基作用。因此，我们必须重视对青少年篮球人才的培养，要以一种全局的眼光、发展的视角去认真审视和高度重视我国青少年篮球人才的培养。

本书共分七章。第一章为篮球运动概述，包括篮球运动的起源与发展、篮球运动的特点与价值、重要篮球赛事与小篮球联赛介绍三方面内容。第二章为我国青少年篮球运动概况，分析了我国青少年篮球运动现状、我国青少

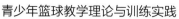

年篮球运动发展趋势。第三章为青少年篮球运动教学训练的理论体系，论述了青少年篮球运动教学的理论基础、青少年篮球运动教学模式、青少年篮球运动训练实践的理论基础三方面内容。第四章为青少年篮球运动技术训练，分别阐述了移动、传接球、运球、持球突破、投篮、抢篮板球、防守、熟悉球性技术。第五章为青少年篮球运动战术训练，依次介绍了战术教学的基本知识、青少年篮球基本战术教学、青少年篮球进攻战术训练实践、青少年篮球防守战术训练实践。第六章为青少年篮球体能训练，包括力量训练、速度训练、耐力训练、灵敏训练、柔韧训练、平衡训练。第七章为青少年篮球运动运动损伤与科学保健，主要介绍了三个方面的内容，分别是篮球运动中常见损伤及处理、篮球运动中的常见疲劳与消除、篮球运动中的能量消耗与营养补充。

在撰写本书的过程中，作者得到了许多专家学者的帮助和指导，参考了大量的学术文献，在此表示真诚的感谢！本书内容系统全面，论述条理清晰、深入浅出。限于作者水平，加之时间仓促，本书难免存在一些疏漏，在此，恳请同行专家和读者朋友批评指正！

目　录

第一章 篮球运动概述

篮球运动是由游戏发展而成的一项世界性体育运动。随着世界体育的科学化进程，对其价值功能的认识和开发、对其运动方式方法的规范等，逐渐形成了一套相对完备的教学、训练和竞赛的理论与实践科学体系，进而推动了篮球运动在全球范围的发展，为世界和平、人类和谐与全面发展作出了贡献。本章内容为篮球运动概述，包括篮球运动的起源与发展、篮球运动的特点与价值、重要篮球赛事与小篮球联赛介绍。

第一节 篮球运动的起源与发展

一、篮球运动的起源

篮球运动起源于美国。1891 年，马萨诸塞州斯普林菲尔德市基督教青年会训练学校体育教师詹姆斯·奈史密斯博士发明了篮球运动。这一运动的发明是经过了一定时间的酝酿的[①]。

1866 年，加利福尼亚州学校法中有了对体育的条文规定。1885 年成立了"国际基督教青年会训练学校"（即春田学院），篮球运动就是在这个学校产生的。

1890 年冬，参加青年会活动的人明显减少，造成这一现象的主要原因是当时运动项目以室外项目居多，而美国冬季天气寒冷，长时间地进行户外运

---

① 谭朕斌. 篮球运动基本理论与实践研究［M］. 北京：北京体育大学出版社，2007：6.

动显然是不合适的，基于这种情况，奈史密斯提出开发适合冬季的室内项目的主张。在奈史密斯看来，新的体育竞技项目要能激发人们参与运动的热情，达到理想的效果，必须要满足以下三点：第一，新的竞技运动必须是"文明"的，当时流行的诸如橄榄球等体育项目在运动中经常会出现粗野的行为，使得人们对体育活动产生误解，认为所有的体育活动都是粗野的，参与体育活动的人也都是行为粗鲁的人，因此对体育活动产生恐惧心理，参与体育活动的积极性不高，为了破除人们对体育活动的偏见，新的体育活动要严禁粗野行为。第二，新的体育活动要不受季节的限制，可以在室内和晚上进行，当时盛行的足球、棒球等体育项目对于场地和气候有着严格的规定，一旦出现刮风下雨等恶劣天气，这些体育项目就只能被迫终止，新的体育项目要不受气候的影响。第三，新的体育项目要鼓励人们的参与，当时体育项目的宗旨是培养专业运动员，瑞典、法国、德国等总结了系统性的培养专业运动员的训练方法，由于这些训练方法比较枯燥，导致大多数人对体育项目的积极性不高，新的体育项目要摆脱传统训练方法的制约，吸引更多人的参与，特别是吸引青年们参加。

在提出这三点要求之前，奈史密斯尝试将当时室外流行的各种体育项目搬进健身房内，以鼓励人们参与体育活动。最开始，他尝试过将橄榄球搬进室内，结果发现，橄榄球在运动过程中会发生猛烈的旋转和变向，而室内体育馆的地板比较坚硬，无法使橄榄球运动顺利进行。之后他又尝试将足球搬进室内，但是足球要求足够的场地，而且足球的运动方向不定，在室内进行足球运动使得很多窗户遭受了破坏，由于场地有限，队员们容易发生碰撞，导致不少队员受到伤害。然后他又将曲棍球运动搬进室内，结果也失败了，这是因为攻击性强是曲棍球运动的典型特征，在室外时活动时，由于场地够宽广，队员的行为还比较克制，一旦进入室内，受场地限制，队员们为了赢得比赛，动作越发粗野，甚至发生了用球棍互相打击的事件。将当时流行的室外活动搬进室内，均未取得理想的效果。奈史密斯先生意识到，现行成熟的运动项目都有着适宜的运动场地和固定的规则，贸然将它们引入室内是难以达到预期效果的。只有结合室内运动的特点，吸收各项目的优势，才能创造出深受学生欢迎的运动项目。经过深入的研究，奈史密斯发现，当前参与人数最多、流传范围最广的项目为球类运动。而活动时，所用球的大小和动作的难易程度似乎成反比关系，即球的尺寸较小时，运动员的肢体无法直接控制球，而是需要借助球棒、球拍等器具间接地控制球，如棒球、曲棍球之类；相反，如果球的尺寸较大，运动员就可以直接用肢体接触球，并做出各种动作，如足球、橄榄球等。因此，奈史密斯觉得可以设计一种用手直接控制球的新型运动项目。

奈史密斯想到玛雅人曾发明的一种名叫场地球的球类游戏。球场的外形犹如大写英文字母"I"，在一条边墙的上部中点以外的地方砌一石墙，在距地面 25 英尺左右的墙上打一个洞，洞的直径为 9 英寸。比赛的道具是一个富有弹性橡胶球，分为两队，只有球员抢到橡胶球，并将球弹起击进洞内才能得分。为了赢得胜利，每一队的队员都必须努力抢球。这种活动极大地启发了奈史密斯。此外，当时的美国孩童中流行的扔桃子游戏也为他提供了灵感。扔桃子的游戏只需要一个竹筐即可，小孩轮流向筐内扔桃子。受到启发的奈史密斯率先在室内尝试篮球运动，在健身房两侧分别设置两根栏杆，距地面 10 英尺（3.05 米）左右，当作篮杆，装桃子的竹筐当作篮筐，足球比赛使用的球当作篮球，在计分方法上也仿照足球，如果队员将球投入竹筐内就得 1 分，得分多的那一队为优胜方。竹筐的底部封闭的，这就导致原始比赛时还要设置专门的取球人员，每投中一个篮，就爬上梯子，将球从篮中取出，再重新开始比赛。这种新型的运动项目极大地激发了人们的兴趣，但是人们还是感觉爬梯子取球不仅耽误时间，还麻烦。随着篮球运动的进一步发展，铁质篮圈取代了装水果的竹篮子，篮网用绳子编制而成，并在网底连接一条绳子，这样当球进入篮筐内，只需要拉动绳子就可以将球拉出，极大地节省了时间。篮球运动自诞生之日起就受到了人们的普遍欢迎，1893 年，带网的铁篮圈正式取代竹筐。

最早的篮球运动对于运动场地和参加人数并没有严格的限制，队员可以在场上随意活动，没有固定的区域，参加比赛双方的人数只要相等即可，人数的多少并没有统一的规定。比赛开始，双方队员就跑向场中抢球，一旦某个队员抢到球后就迅速抱球跑到篮下将球投入篮筐内。比赛时长为 30 分钟，分为前 15 分钟和后 15 分钟，中间休息 5 分钟，哪一队投入篮筐内的数量多，哪一队的得分就高，即为获胜方。如果比赛结束后，双方投中球的数量相同，就是平局，裁判员就要和双方队伍协商，是否要延长比赛，如果双方队长同意，比赛延长，哪一队先命中一球即为获胜方，比赛结束。

二、篮球运动的发展

（一）初创试行时期

19世纪90年代—20世纪20年代为篮球运动的初创试行时期。19世纪90年代，篮球运动刚刚诞生，其目的只是鼓励人们在冬季参与体育活动，并无明确的竞赛规则，场地的大小也没有统一的规定，只需要室内一块狭长的空地，空地的两端各放一个桃筐。当时对于比赛双方的人数也没有严格的限制，竞赛时只需要队伍双方的人数相等，人数数量的多少则不在意。竞赛开始前，比赛双方以横排方式分别站在场地两端界线外，为了确保比赛的公平，设立专门的主持者，主持者站在边线中心点，球的尺寸与现代足球相仿。当主持者将球向场地中心抛起，表示比赛开始，两队便集体冲向球落地点抢球，为了防止对方抢到球，双方队员展开攻防对抗，抢到球的队员将球投入筐内一次得一分，累计得分多的那个队伍就是获胜方。每次进球后，主持者要求双方再次站在界线外，由主持者再次发球，如此循环往复。

1892年，奈史密斯仿照足球的竞赛规则，将比赛场地按照进攻方向分为后场、中场和前场，同时对于比赛要求进行了明确的规定。如比赛期间，队员个人不得持球跑；为了确保比赛双方队员的人身安全，禁止粗野行为，明确限定了攻防对抗中队员间身体接触的部位。比赛初期的篮筐为装水果的竹筐，此时被带网的铁篮圈取代，奈史密斯对于篮筐装置的尺寸、材质等方面也做了明确的规定。他参照其他球类运动的规则，提出了13条简明的比赛规则，这些规则对于篮球运动的发展产生了深远的影响，直到今天有些规则依然有效，如他对比赛时长做了明确的规定，指出比赛时间为30分钟，前15分钟为上半场，后15分钟为下半场，上半场结束后，有5分钟的休息时间；比赛结束后，如果双方得分相同，达成平局时，可延长比赛时间，前提是询问双方队伍的意见，征得双方队长同意后方可进行延长赛，延长赛期间哪个队伍率先进球即为获胜方；队员拿到球后必须在5秒钟内将其投掷到外界，如果 5 秒后，球依然在该队员手中，裁判可判违规，由对方发界外球；如果某一队连续三次违反规则，判对方得一分；队员在运动过程中，可以根据自身习惯，选择单手运球或者双手运球，但是不允许用拳击球；比赛期间的行为要文明，不准用手推、拉对方队员，也不准用脚踢、绊对方队员，有上述任何一种行为都是违规，第一次违反规则记犯规，队员再次犯规，裁判就要让该队员退出比赛，直到对方投进一个球后才允许该犯规队员再次进入场地参赛。如果在比赛期间，队员故意做出伤害对方队员的行为，则取消犯规者参与该场比赛的资格，而且该队不得换人。

原始比赛时，双方队员可以在场内随意活动，并没有区域的限制，之后逐渐增加了各种区域的限制线，如中圈，之后又陆续增加了罚球线和中场线。悬挂在篮杆上的篮圈也统一为铁圈，其他形式的篮筐退出历史舞台。篮圈后部的挡网也统一为木质挡板，并与铁质篮圈相连，与现代篮板装置极为相近。具体规则如下：竞赛开始，主持者站在中圈向外抛球，比赛中的队员也不再随意地抢球，而是有了锋、卫的分工，锋、卫在球场中位置不同，所承担的职责自然也不同，其中前锋和中锋主要活动在前场和中场区域，负责进攻，后卫的活动范围多为本队的后方，负责防守，防止对方球员进球，后卫抢到球后一般会传给中锋和前锋。至此，现代篮球运动的雏形基本具备。

1904 年第 3 届奥运会在美国举行，在奥运会上举行了第一次篮球比赛，每支球队有 5 名队员上场，这是篮球比赛第一次在国际上出现，之后迅速风靡全球。虽然国际上对于篮球比赛的人数没有明确的规定，但是比赛双方都默认每队上场人数为 5 人，一直延续到 20 世纪 20 年代末。当时球场上限制区域的划分与电灯泡相仿，罚球时，攻、守队员的站位也有着明确的规定。但是，此时的攻防技术比较简单，球员的技术还不够纯熟，动作以双手为主，仅限于传球、运球、投球等基本动作，竞赛中，队员侧重于发挥自身的能力，尚未意识到与队友的合作，战术配合处于朦胧期。

相比同时期的其他运动项目，篮球比赛具有趣味性强的显著优势，得到了青少年的广泛欢迎，1891—1920 年，篮球运动在美国教会学校迅速流传开来，参与篮球运动的人员逐年递增。当时美国基督教青年会组织致力于向全世界宣传美国文化，伴随着教师和教会人员进入欧洲、亚洲、非洲等地，篮

球运动也迅速传播到世界各地。

（二）完善、推广时期

20世纪三四十年代为篮球运动的完善、推广时期。20世纪30年代后随着欧美等资本主义殖民步伐的加快，篮球运动迅速向亚洲、非洲以及欧洲等国家推广，参加篮球运动的人数逐年攀升，篮球技术不断改进，人们逐渐意识到篮球运动中与队友配合的重要性，传统的单兵作战的战术形式逐渐被淘汰，队友之间相互掩护、协防的战术形式成为主流。为了进一步推动世界各国篮球运动的发展，葡萄牙、罗马尼亚、瑞士等8国召开会议，决定成立国际篮球组织，1932年6月18日，国际业余篮球联合会在瑞士的日内瓦成立。虽然篮球运动在世界范围内如火如荼地开展，但当时并未有国际统一的篮球竞赛规则。基于这种情况，通过多方的商议讨论，决定以美国大学生篮球竞赛规则为基础制定国际统一的竞赛规则。规则明确规定了篮球比赛中每队的参赛人数为5人；对场区地域进行了重新划分，增加了进攻限制区，将电灯泡罚球区扩大为直线罚球区的3秒钟限制区；进攻投篮时，如果对手犯规，仍将球投入篮筐，加罚1次，如果未能将球投入篮筐，加罚2次。篮球运动以其趣味性强的优势吸引了越来越多女性的参与，女性篮球比赛迅速普及。女性篮球比赛沿袭了男性比赛的规则，不同之处在于，男子篮球竞赛的时间为10分钟一节，共赛四节；而女子篮球竞赛的时间为8分钟一节，也是共赛四节。国际业余篮球联合会对竞赛市场进行了改良，改为两节，每节20分钟，女性和男性比赛时长相同。该组织还规定，进攻队在后场抢到球后必须在10秒钟内过中线，进入对方区域，不得再回后场。1936年第11届奥运会上，国际奥委会宣布将篮球运动正式列为男子竞赛项目，现代篮球运动从此登上国际竞技舞台。

20世纪40年代，篮球技术不断演进，攻防战术朝着多样化的方向发展，特别是身材高大结实的队员的涌现使篮球的运动水平不断提升。篮球界针对出现的新问题进行了深入的研究，结合新情况对篮球规则进行了修订。如对队员故意犯规的行为加大了处罚力度；篮板分为长方形和扇形两种；将球场中圈细分为跳圈和禁区两个圈；将球场罚球区的两侧至端线定为抢篮板球的区域，并对队员的分区站位线进行了明确的规定等。日益系统化、规范化的

规则使得篮球技术日趋精进，催生了更加丰富的战术，传统的单兵作战的攻防形式已然不适应篮球运动，集体对抗成为趋势，日益成熟。20 世纪 40 年代末，战术阵型和配合开始出现，并被各国篮球队应用到实战中，效果显著的进攻战术有快攻、掩护、策应战术，防守战术有人盯人防守、区域联防等。篮球运动在国际范围内的传播越发广泛，进入到完善、推广的新时期。

（三）普及、发展时期

20 世纪五六十年代，篮球运动在世界各地得到普及。随着时代的进步，篮球运动的技术日益改进，新颖的战术不断涌现，国际统一的规则日渐成熟，篮球对于运动员的身高提出了新的要求。队员身高成为现代篮球竞赛中取得优胜的重要因素。各国篮球队意识到身材高大的队员在篮球比赛中的重要性，纷纷招揽身材高大的队员并利用其身高优势形成了强攻篮下的中锋打法，在一定时期内取得了显著的效果。体型是否高大成为篮球队选拔队员的重要标准。1950 年，阿根廷举行了首届世界男子篮球锦标赛，参加的各篮球队伍中的主力队员无不有着高大威猛的体型。篮球队员体型高大的选拔标准也逐渐扩展到女篮球运动员，1953 年智利举行了首届世界女子篮球锦标赛，队员也以体型高大者居多。国际篮坛开始流行"得高大中锋者得篮球天下"的说法。体型高大的队员在进攻时容易给对手队员造成伤害，因此国际业余篮球联合会又在规则中增加了对进攻方进攻时间和场地的限制。

如 20 世纪 50 年代之前，有这样的规定：篮下门字形区域 3 秒钟之内限制对方进攻，之后该规则修订为，篮下梯形区域 3 秒钟之内限制对方进攻；进攻方进攻对手的时间每次不得超过 30 秒。20 世纪 60 年代中期，出于多种因素的考虑，国际业余篮球联合会曾经在篮球竞赛中取消中场线，60 年代末，又再次恢复中场线。篮球竞赛中，队员进攻和防守的区域不断扩大，优秀的篮球队员不仅要有着高大的体型，还要有着极强的体能，能够在场内快速奔跑、跳跃。高大的体型、高超的技巧、准确的投篮命中率以及敏捷的速度成为取得竞赛成败的重要条件，推动了攻守技术、战术的全面发展。虽然高大的体型在篮球竞赛中有着较大的优势，但是灵活的动作可以弥补身高的不足，部分身高不足的篮球队根据自身队员身手敏捷、跑跳速度快的特点，创造了快攻、"0"字形移动掩护突破快攻以及防守中的全场紧逼人盯人防守等战术，取得了显著的成效，成为当时以快制高、以小打大的重要手段。20世纪60年代末，美国队通过选拔体形高大的队员、注重队员速度和技巧的训练形成了美式打法，该打法的特点是将高度、速度与技巧融合在一起；苏联同样注重选拔体形高大的队员，加强队员的力量和速度的训练，形成了高度、力量和速度相结合的欧式打法。亚洲人的身形普遍小于欧美地区，不过速度方面要比欧美等国更为灵活，基于特点，以中国和韩国为代表的篮球队形成了亚式打法，该打法的特点是虽然身材矮小，但是动作灵活，投篮命中率高。篮球运动在世界范围内普及开来，技术日渐成熟，进入发展的新时期。

（四）全面提高时期

20世纪七八十年代为篮球运动的全面提高时期。20世纪70年代以后，篮球队员身高的标准不断提高，2米以上身高的篮球运动员层出不穷，篮球竞赛中对空间的竞争日趋激烈，高度与素质的矛盾更加尖锐。高大的体形在篮球运动中具有显著优势，身高成为实力的象征。篮球竞赛由普通人参与的项目转变为巨人们的"空间游戏"。高大队员以其体形优势在进攻时更加便捷，为了确保竞赛的公平，调动身高处于劣势队员的积极性，国际业余篮球联合对比赛的规则再次进行了修订，对高大队员在进攻时提出了更多的要求。为了打破高大队员的身高优势，身高处于劣势的篮球队创造出了攻击性防守——全场及半场范围内的区域紧逼人盯人防守，该战术充分调动防守队员的积极性，在一定程度上起到了限制高大队员行动力作用，随后又出现了混合型防守战术，激发了身高上处于不利位置队员的热情，展现了显著的效果。1973—1978年，竞赛规则根据篮球运动的实际情况适时调整了规则，如为了避免篮球运动员过于注重高度和速度的训练，追加了罚球的规定，推动篮球运动的全面发展，进而培养高度、速度、技巧、准确等全方位的篮球人才。主要表现在以下方面：传统的篮球运动将高大体形作为选材的首要标准，注重高空技术的训练，随着规则的修订，对抗技术、快速技术在篮球运动中的作用越发凸显，进攻中各种技术结合得更加巧妙；传统的篮球运动侧重于单兵作战的攻防形式，攻击性技术较少，队员之间的配合比较机械，进攻防守的阵形相对固定，现代篮球在实践中衍生出了多种多样的战术，队员在竞赛中频繁移动，互相穿插掩护，攻防战术朝着全面化、综合性方向发展；传统的防守以防止对方进球为主要目的，现代的防守则更具破坏性，特别是平步站位，积极抢位和集约型防守战术的应用体现了前所未有的威胁力。1976年第 21 届奥运会上，国际奥委会组织宣布，女子篮球被正式列为奥运会竞赛项目。1978 年第 8 届男子世界篮球锦标赛的举办，象征着篮球运动向高技巧、高身材、高速度的方向发展。随着体形高大运动员的增多，高空技术得到了进一步的发展。20 世纪 80 年代以后，篮球高比分、高速度、高身材的趋势越发明显。为了打破体形高大球员一统天下的局面，调动身高处于劣势球员的积极性，20 世纪 80 年代中期，国际篮球联合会又对篮球规则做了进一步的修正，如规定了远投区，增加了 3 分球规定等。

（五）创新、攀登时期

20 世纪 90 年代以前，篮球运动是盛行于大众间的体育活动，虽然有专业的篮球队伍，但是国际奥委会并不允许职业篮球队员参加比赛。20 世纪90 年代以后，国际奥委会破除了这一规定，从此世界篮球运动掀开了新的篇章，世界篮球运动进入了崭新的发展阶段。1992 年第 25 届奥运会在西班牙巴塞罗那举行，美国派出了"梦之队"参加男子篮球比赛，超级球员乔丹、约翰逊等以其精湛的篮球技艺给观众留下了深刻的印象。自此之后，现代篮球的理念深入人心，更多的人加入篮球运动中，推动这项运动的技艺朝着完善、充实的方向发展，战术日趋简练，实用性更强。随着时间的推移，苏联、南斯拉夫等欧洲国家的篮球竞技水平不断提升，美国、巴西等美洲地区的篮球竞技也在持续进步，逐渐形成了欧洲和美洲对抗的格局。自此之后，世界篮球运动进入了新时期，机智化、技艺化成为主流趋势。相比于传统篮球，现代篮球运动发生了质的变化，主要体现在以下方面：首先，篮球运动的整体结构发生了翻天覆地的变化；其次，优秀运动员队伍综合智能结构也发生了根本性变革；再次，篮球运动对于运动员的体能和智能提出了更高的要求；最后，运用篮球技术及战术的能力结构发生了改变。

随着体形高大运动员的日益增多，制空能力不断增强，空间争夺日趋激烈。为了进一步保障竞赛队员的人身安全，使比赛更加合理，更具观赏性，1994 年后，国际篮球联合会对篮球竞赛规则进行了相应的修改，如将篮板周边缩小，增加保护圈。自 1932 年国际业余篮球联合会将篮球竞赛的时长定为 40 分钟，分为前后 2 个小节后，多年来篮球竞赛始终遵循这一规定。国际篮球联合会决定自 2000 年奥运会后，篮球竞赛分为 4 节，每节比赛时间为 10 分钟；首节与第 2 节之间休息 2 分钟；第 2 节之后为中场休息之间，时长为 15 分钟；第 3 节与第 4 节之间休息 2 分钟。每队每节犯规次数不得超过 4 次，如果犯规次数达到 4 次及以上，以后发生的所有犯规均要除以 2 次罚球。在比赛期间，每支队伍都有要求暂停的权利，首节、第 2 节，第 3 节每队只可暂停 1 次，第 4 节可暂停 2 次。传统篮球比赛中每支球队的进攻时间不得超过 30 秒，现代篮球比赛中每队进攻的时间不得超过 24 秒。队员抢到球后从后场进入前场的时间不得超过 8 秒钟。为了确保比赛的公平、公正，奥运会和世界锦标赛实行三裁判制度，即一个主裁判，两个边裁判。现代篮球运动，无论是男子篮球还是女子篮球，技术运用越发纯熟、战术运用越发精妙，高度技艺性、文化性、观赏性、商业性是其发展趋势。

由此可见，现代篮球竞技运动形成和发展的过程并不是偶然和随机的，而是随着时间的累积逐步发展，逐层递进的。其发展线索为：某一个国家的地方性游戏→区域性文化活动→竞技性项目→世界范围的体育文化现象→体育科学的一个分支。

第二节 篮球运动的特点与价值

一、篮球运动的特点

（一）集体性

在篮球运动中，只有通过队员之间集体协同配合，才能够出色地完成技艺、战术行动。每个战术都需要两人以上的协同配合才能够实现，因此，球队必须要重视全队行动的协调一致性，与此同时，还要注意调动每一位球员的积极性。总而言之，只有集合全队的技能与智慧，发挥出团队的精神，才能够获得理想的成绩，而这也是篮球运动集体性的表现。

（二）对抗性

作为一项直接发生身体接触的对抗性运动，篮球的基本特征与规律就是攻守的强对抗。而这种对抗表现在诸多方面，比如，球队员之间的对抗、争夺篮板球的对抗、双方球员意志品质的对抗等。对抗能够培养人的竞争能力与意识，而这也是现代素质教育的一个重要组成部分。

（三）综合性

篮球运动的技术动作非常多，而且在比赛中应用的技术都是以组合形式呈现的，加之比赛情况的复杂不定，导致技术组合具有无确定性、随机性与多样性的特征。除此之外，篮球运动作为一门交叉的边缘性学科，所涉及的学科包括教育学、竞技学、社会学、管理学、社会学等，因此对教练员的科学化的训练、教学以及高水平的指挥管理都提出了更高的要求。上述这些都说明篮球运动是一项综合性的体育运动。

（四）变化性

篮球是一种攻守快速转换的运动，且转换都发生一瞬间，从而使比赛自始至终都处于快节奏中，让观众处于专注、紧张的状态，充分体现了篮球的独特魅力。另外，由于赛场情况变化多端，因而，如果球员采用固定不变的打法是无法取得比赛胜利的，所以需要球员具有善于根据不同情况随机应变的能力。上述这些特点充分地体现了篮球运动的变化性。

（五）多元性

发展到今天，篮球运动已经成为一门具有较强交叉性的学科课程，并且其相关知识也开始向多元化方向发展。因此，要求球员与球队必须具备特殊的个性气质、生理机能、心理品质、身体形态条件、运动意识、道德作风，以及团队精神、身体素质、专项技战术配合方法体系、实战能力等，这体现了篮球运动的多元性。

二、篮球运动的价值

（一）篮球运动的健身价值

1. 篮球运动对身体形态和机能的价值

（1）篮球运动对身体形态的塑造有着重要的作用

篮球运动对人体身体形态的塑造有着重要的作用，首先体现在对骨骼的作用。有关研究表明，适量的运动是促进骨骼生长发育的有效途径，而适宜的篮球运动锻炼，使骨骼承受一定负荷的刺激，有助于刺激骨细胞的增殖，促进血液循环，加快骺软骨的增生和骨化增长，从而促进骨骼的生长发育；经常参加篮球运动，采用较低和中等强度的运动负荷，对于发育中的骨骼，可明显促进其骨密质的形成；篮球运动对骨质松质的作用也是篮球运动对骨骼作用的体现，大量研究表明，篮球锻炼使骨小梁新骨形成增加，骨小梁排列更有序化。篮球运动对人体的身体状态有着重要的作用还体现在篮球运动对肌肉的作用上。骨骼肌是实现人体运动的器官。研究证明，科学的体育锻炼可使骨骼肌的形态、结构及功能发生一系列适应性变化。具体表现在以下几个方面：篮球运动能够使肌肉体积增加；篮球运动可以促使肌腱和韧带中的细胞增生，也可使肌外膜、肌束膜和肌内膜增厚，肌肉变得结实，抗牵拉强度提高，从而增强肌肉抗断能力。

（2）篮球运动对呼吸系统机能有着重要的作用

有专家曾经做过这样的试验：选择身体素质相近的两组人，在试验之前详细记录肺活量、胸围等数据，随后让一组人定期参加篮球运动，另一组人不参加任何体育运动，数周之后再次测量两组人员的胸围和肺活量。结果发现，经常参加篮球运动的人员的胸围和肺活量较试验之前都有所增加，而另一组人员的胸围和肺活量和试验之前没有差别。由此可知，经常参加篮球运动，能使呼吸肌得到发展，增强肺和胸廓弹性。经常参加篮球运动的人们，肺活量明显增加，有氧运动能力显著提高，这说明篮球运动对改善机体的生理机能有积极的影响。篮球运动可导致安静时呼吸深度增加，而呼吸频率下降，肺泡通气量和气体交换率加大，即肺通气更有效。人体通过呼吸系统摄取到氧气，还要通过心血管系统把氧输送到组织器官。经常参加篮球运动还可以使肌肉中的毛细血管增加、线粒体数目增多和体积增大，促进静脉血液回流和有氧化酶的活性增加，并可提高肌红蛋白含量和最大吸氧量。

2. 篮球运动对身体健康素质的价值

（1）篮球运动对有氧代谢能力有着重要的作用

有关研究表明，篮球运动对于提高人的有氧代谢能力有着积极意义。现代篮球比赛具有运动强度大、运动负荷高的特点，再加上比赛时长达到了40分钟，很多人认为篮球运动属于无氧运动。事实上这是对篮球运动的误解，

比赛过程中由于种种原因经常会出现中断比赛的情况，如裁判员发现有运动员犯规会立即暂停比赛、教练员发现球员表现不佳会提出换人、比赛暂时停止等情况在比赛时会经常发生，运动员可以利用这些时间获得短暂的休整，所以比赛中大部分时间都是有氧运动，身体各器官的功能也是以有氧代谢为主。相较于专业篮球运动员，普通人参加篮球比赛的运动强度要更小，有氧代谢提供的能量比例更大。因此，经常参加篮球运动可以有效提高肺泡通气量，提高呼吸效率，改善心血管机能，促进组织器官中氧化酶活性升高，增强利用氧的能力。

（2）篮球运动对肌肉力量有着重要的作用

篮球运动可以使肌纤维增粗，募集更多的运动单位，从而能够增加肌肉力量。参加篮球运动，运动者的肌肉纤维增粗，合成 ATP 能力也得到增强，肌肉持续工作时间延长，从而增强了肌肉耐力。

（二）篮球运动的健康价值

1. 篮球运动有助于情商的培养

社会学家对大众口中的"成功人士"进行了深入的调查，结果发现，这些成功人士的智力和普通人并没有太大差别，他们之所以取得远超普通人成就的原因往往在于非智力因素。经过多年的研究，专家学者们总结出了如下结论：情商是成功人士取得卓越成就的关键因素。它是多种能力的集合体，包括是和他人沟通交流的处理人际关系的能力，和他人合作的配合能力，面对问题冷静地思考、寻找解决方案的能力，遇到挫折时不灰心、不沮丧地承受挫折的能力，等等。情商作为一种非智力因素，对参与者的学习、工作、生活以及事业的成功都很重要。篮球运动有明显的对抗性、集体性和统一性规律，参加篮球运动可以培养参与者充沛的体力和精力、良好的心理承受能力、公平的竞争意识、广泛的社会交往能力，以较高的情商去应对学习生活中的困难。参加篮球运动。可以培养团结拼搏、乐于奉献、积极向上的优良品质。篮球比赛的顺利进行离不开一系列规则的制约，人们为了顺利参加比赛势必要了解篮球规则，并在运动实践中遵守规则，从而形成文明的行为方式，当所有参与篮球运动和比赛的队员都以遵守规则为己任，整个篮球界就会形成良好的体育道德风尚。篮球竞赛过程中，队员们会遇到各种各样的对手，为了赢得胜利，他们势必会不惧挑战，即使再厉害的对手，也会迎难而上，有利于培养克服困难、善于创新的精神，有利于培养科学、文明、健康的生活态度。

2. 篮球运动有助于提高健康幸福感

健康幸福感也称心理自我良好感，是指与积极参加身体锻炼有关的某种兴奋、自信和自尊的情绪和态度体验。积极参加体育锻炼者比不运动者的自我感受和评价更积极，这主要是由于锻炼身体产生了内心愉快和乐趣的结果。当前学术界对锻炼身体为何会使人产生健康幸福感这一问题并没有统一的答案，有的专家从生理学角度进行了解释，因为在运动过程中，人体内会分泌出多巴胺，使人心情愉悦，健康幸福感提升。有的专家从心理学家角度给予了解释，运动过程中人的负面情绪得以释放，心灵得到净化，进而导致健康幸福感提升。有的专家从社会学角度进行了解释，人是社会性动物，运动是人的天性和本能，运动的过程就是人回归天性的过程，因此健康幸福会得以提升。还有的专家认为锻炼身体对健康幸福感产生积极影响是三者综合作用的结果。在篮球运动中，如果运动员成功地运用某项技术，或者巧妙地使用了战术，个体就会将成功的感受传递给大脑，产生成就效应，从而产生幸福健康感。

（三）篮球运动的社会价值

1. 篮球运动对社会规范的作用

篮球运动有一定的规则，参与者必须在规则的规定下进行运动。规则对篮球运动是十分必要的，攻击性是人性的一大特点，篮球运动也是一项对抗激烈的运动，如果没有规则的制约，可以想象篮球运动中定会出现一些粗野的动作和不礼貌、不道德的行为。规则的出现，是对参与者行为的控制，它保证了双方在公平合理的条件下进行对抗、限制了不合理行为的出现。人们在篮球规则下运动，这对参与者起到了规范个人行为的教育功能，使参与者按照现代生活方式规范自己的行为，有助于人们培养健康文明的社会行为习惯。就篮球运动而言，个人的行为要受到规则的制约，要在规则指导下进行比赛，使人们在潜移默化中养成遵守社会规则的良好习惯。个人在篮球运动中所体现的敬业精神，有利于取得社会规范的认同。篮球运动的基本特征之

一就是对抗性，在比赛激烈的情况下，发生身体碰撞是在所难免的，但参与者的动作要合理，其目的应是力争获得球或有利的位置，绝不能故意害人伤人。在篮球比赛中，对于一些常常因情绪过激而发生的暴力行为，都有着严厉的惩罚措施，某些犯规行为可能还违背了社会规范，受到社会公德的谴责，如果暴力行为过于严重，还有可能触犯法律，受到法律的制裁。这种惩罚措施对篮球运动参与者有着一定的震慑作用，使参与者们按照篮球运动的规则进行运动，从而有利于社会规范的形成。

2. 篮球运动对经济的作用

篮球运动在体育中占据着举足轻重的地位，体育产业要想持续健康地发展离不开篮球运动的支持。体育产业兴起，而作为其重要内容的篮球运动，由于普及广、发展快、影响力大，具有极大的发展潜力。尤其是近些年来，篮球运动的职业化、商业化进程加快，篮球运动对体育产业的贡献与日俱增，在篮球运动深入发展的今天，篮球运动所具有的重要经济价值也会进一步展现出来。

3. 篮球运动对社会交往的作用

篮球运动是一项团体运动，自然涉及人与人的交往，通过篮球比赛，还会涉及球队与球队之间的交往，甚至是国家与国家之间的交往，篮球运动可以促进社会交往的进行。当前篮球运动已经在世界范围内普及开来，篮球不仅仅是一项体育活动，还是人们参与社会交往的重要手段。人与人之间存在着个体差异性，团体与团体之间有着不同的宗旨，国家与国家之间可能存在着利益冲突，篮球运动成为彼此沟通的桥梁，使人与人之间、团体与团体之间，国家与国家之间建立起了互相理解、互相信任的关系。对国家和民族而言，人种、肤色和语言各不相同，为相互之间的交流增加了障碍，但篮球可以成为各个国家之间共同的"语言"，通过亲身体验或者观看篮球比赛，人们对篮球运动的理解是一致的，人们在共同的参与中得到欢乐、愉悦和满足，相识并了解，从而产生了共同语言，建立起了良好的关系。

4. 篮球运动对终身体育的作用

篮球运动对终身体育有着重要的作用。篮球运动深受人们喜爱，因为通过篮球，人们可以获得身心的发展。随着社会的发展和生活节奏的加快，人们面临着巨大的压力，各种文明病对人们产生了威胁，体育运动成为人们缓解压力、保持健康的最有效方式之一。尤其是篮球运动，对场地器材的要求较低，其消费水平较适合广大消费人群，很容易普及。于是人们纷纷参与到篮球运动中来，体验运动的乐趣。人们在篮球运动中的奔跑跳跃、抛掷运投、攻防抢球，使身体得到了锻炼，使身心得到了愉悦。篮球运动，给人们带来了极大的好处。运动要想取得理想的效果，必须持之以恒。目前，终身体育的理念已经深入人心。篮球作为全民健身的项目之一，具有最广泛的受众群体，受到人民群众的欢迎，相比其他球类运动，篮球具有如下优势：首先，它具有极高的锻炼价值，适宜的篮球运动有助于增强体质；其次，它具有保健性，对于提高人体的各项机能有着积极意义。有关资料显示，长期坚持参与篮球运动能够显著提高人的身体素质。篮球运动是一项全民健身终身体育的项目，由于它的开展比较容易，必将对终身体育的发展有着积极的促进作用。

第三节　重要篮球赛事与小篮球联赛介绍

一、重要篮球赛事

（一）FIBA 重大赛事

1. 世界篮球锦标赛

男篮比赛始于 1950 年，每 4 年一次，参加比赛的队数和选拔办法经常变更。如 1986 年的第 10 届锦标赛共有 24 个队参加，1990 年的第 11 届锦标赛只有 16 个队参加。女篮比赛始于 1953 年，1967 年后定为每 4 年举行一届，参赛队数为 14 个。

2. 奥运会篮球比赛

1936 年，男篮被列为奥运会正式比赛项目；1976 年，女篮也被列为奥运会正式比赛项目。此项赛事随夏季奥运会每 4 年举行一次，男女参赛队各 12 个。

3. 世界青年男女篮球锦标赛

世界青年男篮锦标赛始于 1979 年，世界青年女篮锦标赛始于 1955 年，均各有 14 个队参加，每 4 年举办一次。

（二）国外著名职业联赛

1. 美国职业篮球联赛

美国职业篮球联盟"NBA"（全称 National Basketball Association），简称"美职篮"。篮球界对于"NBA"有着高度评价，认为它不仅是美国第一大职业篮球联赛，同时也是世界范围内水平最高、技术最优良、战术运用最纯熟的赛事。随着通信技术的日渐成熟，"NBA"成为喜爱篮球运动者的盛事，转播信号覆盖全球。威尔特·张伯伦、奥斯卡·罗伯特森、迈克尔·乔丹、科比·布莱恩特、勒布朗·詹姆斯、沙奎尔·奥尼尔、蒂姆·邓肯等篮球巨星举世闻名。该协会一共拥有 30 支球队，分属东部联盟和西部联盟；而每个联盟各由三个赛区组成，每个赛区有五支球队。30 支球队当中有 29 支位于美国本土，另外一支来自加拿大的多伦多。

2. 欧洲篮球联赛

欧洲篮球联赛，原名"欧洲篮球冠军杯"，是欧洲最大规模的跨国男子职业篮球联赛，创立于 1957 年。欧洲国家的专业篮球队都以参加该联赛为荣，目前有来自欧洲 18 个国家的 24 支球队参加。2000 年之前，欧洲篮球冠军杯的主办单位为国际篮球联合会，旨在推动欧洲篮球运动的发展。随着时间的推移，欧洲篮球的水平有了突飞猛进的提升，部分顶级欧洲篮球俱乐部为了进一步促进篮球在欧洲的影响力，自行成立了欧洲篮球联赛联盟（ULEB），鼓励高水平篮球队伍参加比赛。与此同时，国际篮联依然在欧洲地区组织 FIBA 超级联赛，这就导致欧洲篮坛出现分裂，有的篮球队继续参加 FIBA 超级联赛，有的篮球队伍倾向于参加 ULEB 联赛。2001 年，国际篮联为了扭转欧洲篮坛分裂的局面，同 ULEB 展开合作，将超级联赛并入冠军杯，并更名为欧洲篮球联赛。自此之后，国际篮联的工作重点转移到组织国家队的篮球比赛，顶级欧洲篮球俱乐部承担起组织俱乐部篮球比赛活动的重任。

（三）国内重大篮球赛事

1. 中国男子篮球职业联赛

中国男子篮球职业联赛，其英文全称为 China Basketball Association，业内人士经常使用其英文缩写 CBA 或"中职篮"。该联赛的主办单位为中国篮球协会，比赛形式采取主客场制。

"CBA"举办时间为每年的 10 月或 11 月，比赛的时长同美国的 NBA 相仿，持续四到五个月，次年的 4 月左右结束。2001 年曾吸收了台湾的新浪狮队，2002 年香港的香港飞龙队也曾参加联赛，但一年之后，这两支球队都退出 CBA 联赛。CBA 从 2004 年开始取消升降级制，并在 2005 年转而采取准入制。2007 年，联赛的队伍扩充到了 16 支；2008 年，扩充到 18 支；2009 年，球队数目调整为 17 支。2005 年，中国篮球甲级联赛正式更名为中国男子篮球职业联赛，所有的省、自治区、直辖市都选拔本地区的优秀篮球运动员参与比赛，联赛规模之大、管理之严格远超其他篮球比赛，以极强的专业性和规范性受到了广大篮球爱好者的广泛关注。该联赛不仅受到了国内篮球迷的欢迎，同时深受业洲其他地区篮球迷的喜爱，可以说是业洲地区水平最高的篮球联赛。

2. 中国女子篮球甲级联赛

篮球自传入国内之日起就受到女性的喜爱，女性参与篮球运动的数量与日俱增，出现了很多高水平的运动员，为了进一步推动篮球运动在女性群体中的影响力，鼓励更多的女性参与篮球运动，中国篮球协会举办了中国女子篮球甲级联赛，其英文缩写为 WCBA。联赛分两个阶段进行：第一个阶段是常规赛阶段，采用主客场双循环比赛的方法，每胜 1 场得 1 积分，根据积分排出 12 支队伍的预赛名次；第二个阶段为季后赛阶段，该阶段是常规赛前 8 名进入季后赛，前 4 名按顺序自行选择对手，1/4 决赛采取主客场制，三战两胜的队伍进入 1/2 决赛，比赛方式与 1/4 决赛相同，三战两胜的队伍进入总决赛；与其他时期不同，总决赛采取 5 战 3 胜制。预赛 9～12 名不再进行第二阶段比赛，以预赛成绩排定名次，最后两名直接降为乙级队。

3. 中国大学生篮球联赛

中国大学生篮球联赛是中国篮球协会主办的高校间篮球联赛，其宗旨是"发展高校篮球，培养篮球人才"，参照美国的 NCAA 大学篮球联赛模式。本赛事从第 25 届开始英文简称改为"CUBAL"，"CUBAL"于 1996 年开始酝酿，1997 年建立章程，1998 年开始正式推行，设男子组和女子组。目前，CUBAL 的影响力仅次于中国男子篮球职业联赛。

中国大学生篮球联赛的参与群体为在校大学生，是服务于高校大学生的

专项运动联赛，1996年首次面向社会，该比赛的主办方为中国大学生篮球协会，得到了杭州恒华（国际）集团有限公司的大力支持。

"CUBAL"联赛共分为四个阶段：预选赛、分区赛、十六强赛和四强赛。预选赛：比赛地点由主办单位与承办单位协商确定。分区赛：由参赛的会员院校提前一年申办，经CUBAL组委会评议后选定。基本上按照地域关系，全国共分东南、西南、东北、西北四个赛区。十六强赛：由参赛院校申办，经CUBAL组委会评议后选定。四强赛：承办单位（比赛地点）为符合条件的参赛院校。

4. 中国大学生篮球超级联赛

中国大学生篮球超级联赛，英文缩写为CUBS，业内人士将之简称为"大超联赛"，于2004年6月1日在北京成立。该联赛的举办单位为中国篮协和中国大学生体育协会，面向的群体是在校大学生。随着国际交流的日益频繁，国际联合组织举办了"世界大学生运动会"，并将篮球纳入正式竞赛项目，为了提升大学生的综合素质和我国的社会影响力，我国对于"世界大学生运动会"给予了高度重视，大超联赛的目标之一就是选拔优秀的篮球人才参加"世界大学生运动会"，表现特别突出的大学生还有可能进入专业篮球队，为专业篮球队注入新鲜血液。

"CUBS"和"CUBAL"在参赛队员资格上有着本质区别。"CUBAL"的参赛队员必须是通过国家正规考试的全日制在校大学生，凡是在中国篮协注册过的专业运动员不得参加；"CUBS"的参与主体虽然也是在校大学生，但是对参赛队员的限制并不像"CUBAL"那样严格，即它允许在中国男篮注册过的专业运动员参加比赛，这就使各高校可以通过多种手段引进专业运动员，如CBA球员或者青年队球员如果与参加专业比赛的时间不冲突就可以，只要年龄合适，提供"在校在读"的证明就可以参赛。

二、小篮球联赛

（一）小篮球运动概述

1. 世界小篮球运动

世界上最早的小篮球比赛诞生于1948年，该年美国教师杰伊·阿尔切

仿照正规篮球比赛的形式，组织 8～12 岁的儿童参加了独具特色的儿童篮球赛。结合儿童年龄小、身高不够的特点，该比赛选用了重量略轻于正常篮球的儿童篮球，篮架的高度也略低于正常篮球架。杰伊·阿尔切将之命名为 Mini Basketball Game，翻译为"小篮球"赛。

"小篮球"迅速风靡世界各地，受多种条件的限制，不同国家和地区所采用的"小篮球"设备并不统一，比赛的规则也有着很大的差异。西班牙人洛佩斯为"小篮球"的发展作出了突出的贡献，他意识到"小篮球"对于提升儿童身体素质的重要意义，致力于统一"小篮球"设备的制造标准、明确比赛规则，由于他在推动西班牙"小篮球"比赛中的非凡贡献。1960 年他当选为"小篮球"委员会主席。伴随着"小篮球"运动在西班牙的迅猛发展，西班牙在青少年篮球比赛中获得了优异成绩。欧洲国家纷纷借鉴西班牙在青少年篮球比赛中的成功经验，并以《小篮球规则》为标注，大力推广"小篮球"运动。

2. 我国小篮球运动

我国小篮球运动的主办单位是中国篮协，其宗旨是通过改变成人篮球运动的规则和器材，结合少年儿童身心发展的特点，组织适合少年儿童的篮球运动，以推动他们的全面持续发展。中国篮协对于少年儿童的身心健康发展给予到了高度重视，在深入研究我国小篮球运动现状的基础上，参照国外小篮球运动的模式和经验，陆续出台了《小篮球规则》和《中国小篮球运动员等级制度》等一系列规章制度，站在促进小篮球运动健康发展的高度，于 2017 年 11 月 20 日颁布了《小篮球发展计划》，组织小篮球联赛。中国篮协为小篮球运动的发展作出了突出的贡献，如鼓励各级篮球协会在小篮球比赛中担任裁判，倡议各小学开展班级、校级篮球比赛，支持社会青少年篮球培训机构培训基地引进先进的管理理念，提升服务质量，搭建"教练员培训、技术标准、周末假期训练营、大数据"四大系统。

2018 年，小篮球运动取得了突飞猛进的发展。2018 年 11 月 18 日，中国篮协在清华大学西体育馆举行了 2018 中国小篮球论坛暨 2018 中国小篮球联赛表彰大会，大会总结了小篮球运动在 2018 年取得的丰硕成果，表彰了中国篮协在推动小篮球运动发展中所作出的卓越贡献，对小篮球运动的未来发展前景进行了深入的解读。

2019年4月18日，2019年中国小篮球联赛启动仪式在北京举行。

联赛分为两个阶段。第一个阶段是省级赛，比赛时间为4月到6月，参赛组分为3个组别，分别是U8组、U10组和U12组，其中U8组又被称为男女混合组，U10组包括男子组和混合组两种比赛，U12组包括男子组和女子组两种比赛。第二个阶段是大区夏令营赛，共分为华东、华南、华北、西南、西北、东北六个大区，比赛时间为7月到8月，参赛组由U10组和U12组两个组别构成，U10组包括男子组和女子组两种比赛，U12组包括男子组和女子组两种比赛。

伴随着"小篮球"规则的日趋完善，全国25个省市区和5个单列市纷纷响应国家号召，举办本赛区的小篮球联赛。根据有关资料统计，自2018年3月起，约有100座城市举办了小篮球联赛，共计15 365支球队的100 443名小球员参与其中。

2019年，中国小篮球联赛宁波赛区的比赛在江北区全民健身中心篮球馆落幕，来自全市各地的257支代表队、2 460多名小球员参加了各组别的比赛。

（二）小篮球比赛规则讲解

1. 小篮球比赛的具体规格

（1）球场尺寸

小篮球的球场要参照成人篮球场，表面平整、坚硬，没有任何障碍物。

目前篮球界对于小篮球球场的尺寸没有统一的标准，各地可以根据当地的实际情况，因时因地调整球场尺寸，应用范围最广的尺寸是长为28米，宽15米。

不同地区球场的尺寸是大不相同的，大多以成人篮球场为标准根据实际情况按比例缩减在26米×14米到12米×7米的相同比例下变化。

（2）线

小篮球场地，如图1-3-1所示。

小篮球场仿照成人篮球场设置了罚球线，与篮板的距离以4米为宜。

考虑到少年儿童年龄和生长发育的特点，小篮球场并没有设置3分投篮线和区域。

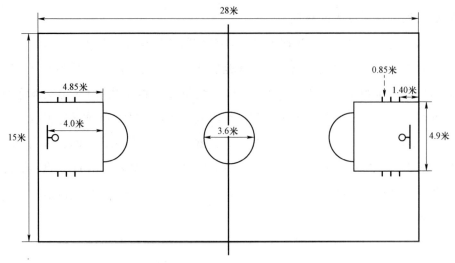

图 1-3-1　小篮球场地尺寸图

小篮球球场线的名称与成人篮球相同，长边的界线叫作"边线"，短边的界线叫作"端线"。

为了确保小篮球比赛的顺利进行，所有的场地线必须清晰可见，且保持5厘米的宽度。

（3）器材

① 篮板

小篮球球场中的篮板设置标准与成人篮球相同，以木板或透明材料为宜，如果选用木板，必须满足两个条件：一是表面平整；二是质地坚硬，不容易损坏。篮板要安装在支撑构架上。

② 球篮

球篮由篮圈和篮网两部分组成。不同年龄阶段少年儿童的身高有着较大的差异，为鼓励不同年龄段的少年儿童参加篮球运动，球篮要从不同年龄阶段少年儿童的身体特点出发，制定不同的标准。如 11～12 岁的少年儿童，即将步入青春期，虽然有些少年的身高较高，但是与成年相比还是有一定差距，球篮的高度距离地板不得高于 2.75 米；9～10 岁的少年儿童身高上要略低于 11～12 岁的少年，球篮的高度也应适宜降低，以距离地板 2.60 米为宜；7～8 岁的少年儿童使用的球篮以距离地板 2.35 米为宜。幼儿园的孩子身高大都在一米左右，为了激发他们参与篮球运动的积极性，球篮的高度不得高于 1.80 米。

2. 球队

每支篮球队伍由 12 名球员组成：5 名球员在篮球场上参加篮球比赛，另外 7 名球员在场下为替补球员，比赛中如果出现球员受伤或者表现不佳的情况，7 名替补队员可以替换场上的 5 名队员。

队员指的是在场上参加比赛的球队成员，一旦他离开比赛现场就成为替补队员。

每支队伍必须有一名教练员和一名队长，队长一般由技术精良且领导能力突出的队员担任。

为了提高篮球比赛的观赏性，所有球队成员必须穿同样颜色的球衣，球衣前后应有号码，号码最多为两位数字。

教练员是球队的领导者，比赛时，他应在球场边关注比赛的情况，头脑要时刻保持冷静，以平等、宽容的心态来对待所有球员，当队员因受伤或犯规被罚下场时，要及时替换；当队员遇到强劲对手时，要鼓励他们并给出合适的建议。

队长可协助教练员的工作，一般由球队中的队员担任。

比赛前，教练员要向记录员提供参赛队员姓名和号码。

7～10 岁的孩子由于年龄较小，对于篮球的规则并不太了解，比赛中不可暂停。11～12 岁孩子由于年龄的增长，对于篮球规则有了更深层次的理解，为了更接近成人比赛，比赛时允许在上半场和下半场分别有一次可登记的暂停，时长为 30 秒。

少年儿童由于心理还不够成熟，无法准确地理解各种防守战术，为了确保队员的人身安全，小篮球比赛中仅可采取人盯人防守方式，不允许区域防守，也不可采取其他防守方式。

3. 比赛规则

（1）比赛时间

和成人比赛相同，比赛也由两个半时组成，不同年龄阶段孩子的比赛时长不同。

11～12 岁孩子的比赛时长为 24 分钟，每半时又分为 2 小节，每节为 6 分钟，第一节与第二节之间有 1 分钟的休息时间，第二节与第三节之间有 5 分钟的休息时间，第三节与第四节之间有 1 分钟的休息时间。

10 岁的孩子比赛时长为 20 分钟，每半时分为两小节，每节为 5 分钟，第一节与第二节之间休息 1 分钟，第二节与第三节之间休息 5 分钟，第三节与第四节之间休息 1 分钟。

10 岁以下孩子的比赛时长与休息方式与 10 岁孩子比赛相同。

部分中小学会在校内举办年级间的篮球比赛，大多由两节组成，每节 10 分钟，节间休息 2 分钟。

比赛时间由计时员控制。

（2）比赛开始

每场比赛自中圈跳球开始，裁判员站在中圈，双方安排 2 名跳球队员围绕在裁判员身边，随后裁判员将球抛起，当球被一名跳球队员合法拍击时，比赛计时开始。

比赛过程中要遵循交替拥有的原则。第 1 节比赛由裁判员站在中圈跳球；第 2 节比赛开始时，裁判员站在记录台对面的中线延长线将球掷入场内，任何一名队员触碰到球时，比赛计时开始；第 3 节、第 4 节均是如此。

为了确保比赛的公平、公正，下半时两队应互换球篮。

（3）跳球和交替拥有

第 1 节开始时，站在中圈的裁判员将球抛起，围绕在其身旁的 2 名跳球队员跳起触碰到球就表示一次跳球发生。

跳球时，队员要站立在固定区域，队伍要分别安排身高较高、动作灵敏的 1 名队员担任跳球队员，其他队员为非跳球队员，为了能够更快地触碰到球，2 名跳球队员应站在靠近本方球篮一侧中圈半圆内，非跳球队员要站在中圈外，不得进入中圈，直到跳球队员拍击到球，非跳球队员方可进入中圈内抢球。

跳球队员要具有抢球意识，当裁判员将球抛出达到最高点后，至少应有一名跳球队员将球拍击传给己方队员。跳球过程中必须单手拍球，禁止双手抓住球。

跳球队员在裁判员将球抛出之前抢球属于犯规行为，应受到惩罚，罚则是将球判给对方掷球入界。

（4）比赛结束胜负得分

比赛计时钟结束信号响起，表明比赛结束。和成人比赛不同的是，小篮球比赛没有加时赛，如果第4节结束时，双方比分相同，保持该比分，不必进行加时赛。

当比赛形式为积分晋级赛时，即凭借积分的多少来判断是否能够晋级比赛时，如果两支晋级队伍的积分相同，则由每队第4节参赛的5名队员依次罚球，客队具有罚球优先权，累积分多的队伍为获胜方，如果两队罚完球后，比分依然相等，则采用一对一罚球方式，直至决出比赛胜负。一场定胜负的淘汰赛，如果第4节比赛时间结束，双方比分相等，同样采用罚球方式决出胜负。

（三）小篮球活动的组织与注意事项

组织小篮球活动时，应处理好以下各方面的关系。

（1）小篮球早期启蒙训练应以运球动作作为训练的先导

小篮球运动是开发少儿篮球意识、提升其身体素质的有效途径。有关资料表明，较强的控球和支配球的能力是成为优秀篮球运动员的必备能力。篮球运动员运动技能的提高受多方面因素的影响，其中球性的好坏起着决定性作用。因此篮球动作训练必须从小抓起，指导他们进行科学合理的动作训练。

（2）要以身体素质作为训练的保证

一定的身体体能素质是从事篮球活动的保障，要从儿童少年实际的生理、心理特点出发，选择某些灵敏性、反应速度、局部身体部位的小肌肉群的力量练习，以促进掌握小篮球活动的某些基础动作。

第二章　我国青少年篮球运动概况

随着篮球运动的全球化传播，篮球运动已成为突破极限、释放和挑战自我、个人主导与团队合作的符号，并为社会所普遍认可，参与者可以由此获得良好的自我、社会和文化认同。本章内容为我国青少年篮球运动概况，阐述了我国青少年篮球运动现状、我国青少年篮球运动发展趋势两方面的内容。

第一节　我国青少年篮球运动现状

一、青少年篮球训练培训模式

篮球运动是在 1895 年传入我国的，至今已有 120 多年的历史。1949 年以前，由于封建统治阶级的反动统治，我国的篮球运动几乎处于停滞状态。中华人民共和国成立后，党和政府高度重视人民的身心健康，毛主席在 1952 年"发展体育运动，增强人民体质"的号召极大地鼓舞了全国各族人民锻炼身体、热爱体育的热情，当时国家对于篮球、排球、足球三大球给予了优先发展机会，篮球运动得到了长足发展。党的十八大以来，以习近平同志为核心的党中央把全民健身提升为国家战略，篮球运动得到了更好的发展。篮球运动在我国深受广大人民群众的喜爱，越来越多的人参与到篮球运动中来，参与人群包括青少年、中年和老年[①]。

青少年是篮球运动不断发展的原动力，青少年篮球运动的发展对国家篮球运

---

① 叶国雄. 篮球运动必读 [M]. 北京：人民体育出版社，1999.

动的发展起着非常重要的意义。随着篮球运动在我国的普及，越来越多的青少年参与到这项运动中来。目前我国对于青少年篮球运动员的教学和培养主要包括三种形式：体校、学校和校外的青少年培训俱乐部。这三种培养形式各有利弊。

第一，三集中模式，这种模式就是把运动员集中管理即集中训练、集中学习和集中生活。这种模式由于是集中管理，便于训练和学习的统一安排，避免了运动员学习和训练时间上的冲突。体育训练又不同于普通的健身式的锻炼。训练强度大、时间长，专业技术要求高，需要训练结束后有良好的身体恢复，包括合理的营养丰富的膳食、肌体的理疗放松、充足的睡眠等等。长期的实践证明，这种培养模式对运动员专业的培养效果是好的，许多优秀的篮球运动员都是这种模式培养出来的，比如姚明等众多球星。但是这种模式也存在一些弊端，那就是重视体育技能训练、轻视文化课的学习，这种相对单一固定的管理模式，对青少年整体素质的全面发展可能有不利的影响。

第二，依托学校，校体联合分项目建立训练基地。这种模式就是根据当地实际情况，跟相关学校联合，每个学校设立一个或者两个项目的训练基地。队员的选拔与训练由基地学校的老师负责，一般利用早操、课外活动、周六周日、节假日的时间进行训练，训练内容基本以身体素质和一般的专项技术为主要内容。这种方式的优势在于学校人数多，更有利于广泛选材。弊端在于训练时间得不到保障，专项训练得不到强化，也不利于运动员长期系统的培养。同时学校的老师一般没有专业训练的经历，专项训练不够专业，对学生专项的系统训练和成绩的提高达不到专业训练的水平要求。

第三，校外培训机构。校外培训机构是体校训练和学校体育教学的延伸和补充，它的优点在于学生都是自愿的，学生家长的积极性高，对青少年篮球的开展和宣传有积极的社会影响。它的弊端在于培训机构都是收费的，首要任务就是盈利，文化课学习、品德的培养、教练员的水平等都得不到充分保障。

以上三种模式是目前我们国家青少年篮球训练培训的主要方式，为我国青少年篮球的发展作出了很大贡献。

二、青少年篮球运动的问题

但是我们国家青少年篮球的训练和开展与许多体育强国相比还存在一

些差距，存在一些问题，这些问题制约着青少年篮球的健康发展，亟待解决。

（一）教育大环境对青少年篮球的开展产生制约

我们国家的教育方针虽然明确指出学生要德智体全面发展，不能片面追求升学率，但存在对学生和老师进行各种形式评比的现象。文化课教学和升学率成为对学校、对教师和学生评价的主要依据。一旦评比成绩不好，就会给学校的招生、发展和社会声誉带来不好影响，使得学校、老师、学生疲于应对各种评比和考试，体育锻炼、身体发展都要为文化课学习让路，这种情况严重阻碍了青少年体育活动的开展，青少年篮球运动的开展也不例外地受到影响。

（二）学生、家长理念陈旧落后

许多家长、学生受传统观念和社会大环境的影响，把对文化课的学习看作是青少年学生的唯一任务，而体育锻炼是一种可有可无的事情，错误地认为青少年学生进行体育锻炼会对学习产生负面影响。有的家长和学生以为只有学习成绩不好的孩子才会从事体育活动。再就是家长的溺爱，担心自己的孩子从事体育活动会受伤、吃不了苦等等。这些陈旧落后的观念严重影响到教练员的选材、训练，许多有天赋的孩子因为家长的原因或者自己的原因错过了最佳的训练年龄。

（三）训练理念滞后，缺乏科学性

青少年的篮球训练是一个系统完整的体系，要因材施教着眼于未来。要分别制订短期、中期、长期的训练计划。计划的制订要科学规范，要根据青少年身体发育情况、营养情况等自身特点，要严格控制运动量、运动强度等。青少年学习篮球技术还要遵循循序渐进的原则，对于基础知识的教学和基本技术的训练要由简到繁、由易到难，要注意兴趣的培养，切忌拔苗助长。现实中许多教练员不遵循客观规律，急于求成，不注重青少年的基础练习，训练中删掉了诸多步骤，手段方法缺乏科学性，导致许多青少年运动员的专项天赋得不到有效发展，身体素质不能正常发展，使许多有天赋的青少年运动员达不到理想的发展目标，从而影响了学生的发展和篮球运动的发展。

（四）教练员水平低

在所有体育项目的运动训练中，教练员都起着非常重要的作用。教练员是训练计划的制订者和执行者。在青少年篮球的训练中，教练员要对每一名队员的情况进行了解，包括身体发育、营养、性格、心理、意志品质、对篮球的领悟能力、当前的技术水平等等。根据这些情况有针对性地制订个人的训练计划，为每个运动员制订短期的训练目标和设计长期的成长计划。球队战术的制订要围绕着球队每个队员的综合情况制订，合理的球队集体战术就是要使每个队员的能力达到最大化。但是就目前的情况看，我们国家参与带队训练的诸多篮球教练的情况并不乐观，青少年篮球训练的教练员队伍存在着一些问题，教练员的水平能力、态度、敬业精神更是参差不齐。前文已经讲过，目前我们国家的青少年篮球训练有一些是在中小学中进行，体育教师兼职篮球教练。然而，大部分的体育教师是师范类体育专业的毕业生，篮球的专项能力较差，有的基本没有接受过篮球的专项训练，甚至连基本的投篮和运球技术都不能够完整正确地示范，没有过篮球比赛的经历，篮球理论知识还可以，但属于"救火"性质的教练，训练经验不足，指导能力欠缺。一支球队整体战术既要有宏观的布局，更要有微观的设计，没有篮球比赛体验的人是没有这方面知识储备的。除此之外，他们还要担负学校体育课的教学任务，不是专职的篮球教练。同时，受到学校考核等方面的影响，态度和敬业精神也大打折扣，有的学校体育教师的课余训练是不算工作量的。还有部分教练员是篮球专业队退役，或者受过专业的训练，个人技术不错，但是理论知识掌握得较少，像计划的制订、目标的设计等都不能够完成。这部分教练员示范能力尚可，但是理论水平达不到合格教练员的要求。青少年篮球运动员的教学，不但要给他们直观的动作示范，还要让他们从理论方面理解动作的原理和目的。这些也正是此类教练员所欠缺的。

（五）青少年的篮球比赛少

最好的训练就是比赛，最好的老师就是兴趣。只有通过比赛才能检验运动员技能、战术的学习和掌握情况，才能不断提高学生阅读比赛的能力。实战中运动员的灵感才会更加容易迸发，战术意识、整体意识、团队精神才会得到拓展和发挥。实战中运动员的价值感会淋漓尽致地得到体现，得到教练和队友的认可。没有什么比这些更能激发出青少年运动员对篮球的热爱和兴趣。青少年篮球比赛中裁判员的因素有时会对运动员产生消极的影响，有的裁判员的综合水平不足或者存在舞弊行为，这些都对青少年篮球的发展产生非常大的不利影响。

第二节 我国青少年篮球运动教学与训练的发展趋势

我国青少年篮球运动的发展趋势是：制度化、规范化、科学化、系统化，群众体育跟竞技体育相结合，向高、快、全、准、智等方面发展。

一、制度化

国家层面教育教学方面的法规和制度明确规定了突出青少年体育运动在教学中地位的重要性。改进和完善中小学对教师和学生的考核评价机制，把对学生体育成绩的评价作为重要的内容。

二、规范化

规范中小学体育课和课外活动，保证体育课按规定开足开齐，中小学体育课的活动内容包括了民族的和现代的体育项目，依照学生年龄阶段制订相应的课程。体育教师的课堂教学注重效率和因材施教，要有高度的责任意识和敬业精神。中小学各年龄层次的运动队要健全档案管理制度，使业余训练规范化，尤其是青少年篮球运动员的训练和管理更要规范。规范化包括学生的训练和日常行为，教练员的训练计划、工作态度等。青少年的篮球比赛也要规范，规范赛制、规范管理、规范比赛行为、规范裁判员的裁判行为。使青少年篮球运动员从小就正确掌握篮球运动的技术、战术等，对篮球的相关规则有正确的了解，树立规范正确的篮球观和篮球理念。青少年篮球运动员的日常行为从小就得到规范是其身心健康发展的重要基石。

三、科学化

青少年篮球运动员的训练内容和训练手段必须要科学化。青少年篮球运动训练中，基础内容占的比例很大，因此科学化的训练内容和训练手段对于青少年篮球运动员的成长是非常关键的，鉴于目前我们基层篮球教练员的水平欠缺的实际情况，必须要对教练员进行定期的培训，培训内容要规范科学，要与国际的领先的篮球理念接轨。

四、系统化

它包括两方面的内容：一是教练员的产出要系统化，二是青少年运动员的训练要系统化。

（一）教练员产出系统化

要想形成良性循环，从根本上解决篮球教练员综合水平不足的问题还是要从源头做起。现在的教练员可以分为两种：一种是体校类的，另一种是学院类的。体校类的重专项能力轻理论知识学习，这类教练员往往没有理论的支持，发展的"动力"不足。学院类的重理论知识的学习，忽视专项能力的提高。因此建议国家体育总局、教育部出台相关体校和高等院校对学生或者队员的培养机制，使"未来教练员"的培养能够做到文体结合，让他们理论知识和专项能力的学习互为补充、互为促进，毕业后能够成为一名合格的篮球或者其他项目的教练员。长期如此我国教练员的成长机制和产出机制就会形成良性循环，为青少年篮球运动的训练和其他项目的训练提供强有力的保障。

（二）青少年篮球运动员的训练要系统化

要加强和注重篮球运动的核心素养培养。青少年篮球运动员的训练和培养具体到个体，就是要根据每个队员的具体情况制订训练计划，包括周训练计划、学期训练计划、年训练计划和多年的训练计划。建立好个人档案，个人档案也是学生的训练和成长记录，无论学生如何变换学习地点、更换教练，继任者对学生的经历都有充分的了解。

五、群众体育跟竞技体育相结合

群众体育也称作大众体育，内容包含了几乎所有的体育项目，它是全民健身的基石，关乎国家兴衰，是提高国民幸福指数的重要手段。竞技体育以全面发展身体的思想为指导，运用科学合理的手段，最大限度地挖掘个人或群体在体力、智力、心理等方面的潜力，进而引导个体或群体尽力攀登运动技术的高峰。一个国家的竞技体育要想取得好的成绩，必须要重视群众体育的开展和普及。二者互为提高，互为依赖。

第三章　青少年篮球运动教学训练的理论体系

　　篮球运动是世界上最受欢迎的球类运动之一，在中国受欢迎的程度更是难以想象。青少年作为对体育运动比较热衷的群体之一，对篮球的追捧更是其他任何群体都不能及的。本章内容为青少年篮球运动教学训练的理论体系，介绍了青少年篮球运动教学的理论基础、青少年篮球运动教学模式、青少年篮球运动训练实践的理论基础。

第一节　篮球教学基础理论

　　篮球教学是一个教育实践过程，篮球教学理论就是从篮球教学实践中总结、概括并上升为理论的科学体系。篮球运动的持续健康发展有赖于科学理论的支撑。篮球运动实践证明，篮球运动理论研究水平与该国家的篮球运动整体的发展水平呈正相关，即一个国家篮球运动理论体系越成熟、篮球运动理论研究水平越高，该国家的篮球运动整体发展水平也就越高；反之，一个国家的篮球运动理论体系越滞后、篮球运动理论研究水平越低，该国家的篮球运动整体发展水平也就越低。篮球运动教学理论是将一般的教学原则和相关科学的理论与方法融为一体，促使学生有效掌握篮球运动基本知识和技能的一种专项理论。

一、篮球教学的任务

体育教学的进行是为了完成既定的任务，对于篮球教学来说也是如此。具体来说，篮球教学需要完成的任务主要有以下四个方面。

（一）增强学生身体素质

不管从事什么样的体育运动，良好的身体素质都是必要的基础。篮球运动要求学生必须具备跑、跳、投等运动技能。因此，通过篮球运动的教学，不仅能够促进学生身体正常发育、全面提高其身体素质、增强其体质，而且还能对学生的身心发展产生积极的影响。另外，还需要强调的是，要想很好地学习和掌握篮球技术和战术、增强学生的运动能力，身体素质这一基础必须打好。

（二）培养学生篮球知识与技能

篮球教学的内容主要有三个方面，即篮球理论、篮球技术和篮球战术。因此，篮球教学要使学生对篮球基础知识以及篮球技术和战术知识有所掌握，并且能够有效提高运动技能。其中，篮球理论知识是掌握技术和战术的依据，而篮球技术则是篮球战术的基础。篮球教学三个方面内容之间的关系相互作用、相互统一，它们是一个不可分割的整体。

（三）激发学生创新意识和篮球能力

学生的创新意识和创造能力是篮球教学过程中非常重要的一项教学任务。篮球运动是一项创造性活动，篮球的技战术具有明显的复杂性、多变性及灵活性。因此，通过篮球教学能够对学生创新能力的提高产生一定的促进作用。

（四）培养学生优秀品格

篮球运动是一项集体性和对抗性的运动项目。通过篮球教学和竞赛过程，能够使学生坚强的意志品质得到较好的培养，使学生形成正确的世界观、人生观以及价值观。因此，在篮球教学过程中，要重视对学生集体主义精神和勇敢拼搏良好意志品质的培养。

二、篮球教学的内容

篮球教学的内容主要包括篮球的理论知识、技术动作和战术配合，以教学对象的层次和教学目标为依据进行选择。

（一）理论知识

篮球教学中的理论知识的教学能够有效指导学生学习篮球技能和进行篮球活动实践。

目前，我国篮球运动得到了较好的发展，并且已经形成了比较完善的理论与知识体系，具体内容主要包括篮球技战术分析、篮球教学训练理论、篮球竞赛的组织、篮球竞赛的规则、篮球竞赛的裁判法等。这些篮球运动教学最基本的内容，要求学生熟练掌握。

（二）技术动作

技术动作是篮球运动技能中最基础的内容。技术规格、动作方法要领和技术的运用等都是篮球技术动作的主要内容。在进行篮球技术动作的教学时，要求教师对示范动作的规范性加以注重，从而为学生技术动作的正确定型打好基础。

（三）战术配合

由于特定的战术布阵是篮球运动集体对抗形成的主要形式，在篮球运动竞赛中，战术阵势和战术配合是主要特征之一，因此，战术配合方法是篮球教学的重要内容之一。

在篮球教学实践中，两三个人的基础配合和全队配合是篮球战术配合教学的主要内容。在教学过程中，一方面，教师应通过合理有效的教学方法使学生对人与球移动的路线、攻击点、运用时机及其变化等内容有正确的了解和认识；另一方面，教师还要注意学生战术配合与协作意识的培养，使学生在篮球比赛实践中能对战术配合进行灵活的运用。

三、篮球教学的理论基础

（一）认知心理理论

篮球教学有着丰富的内涵，不仅要求教师根据学生的身体特点组织学生进行适量的运动，还要向学生传授篮球理论知识与操作性知识。因此，在学习篮球技术的过程中，首先要通过人的感觉器官直接感受学习的篮球技术动作，形成运动感知觉，然后通过反复练习，再形成运动表象。在教学实践中，

教师要注重培养学生的篮球意识，通过丰富多彩的认知活动激发学生学习的兴趣，激发他们学习篮球运动的动机，使学生将枯燥的篮球知识与篮球技术之间建立起巩固的联系，进而引导他们积极参与篮球运动。

（二）运动过程中生理机能变化理论

篮球教学是教师组织学生进行运动实践的过程，熟练地掌握篮球技术技能是篮球教学的重要目标，而长期不懈的身体练习则是掌握篮球技术技能的主要途径。有关研究表明，当人处于完全休息的状态时，人体生理机能也处于相对安静的状态；当人参与体育运动时，即身体在练习过程中，人体生理机能将会发生相应的转变，原本处于安静状态的人体机能逐渐进入工作状态，随着运动时间的延长，人体工作能力逐步提高，然后达到极限，此后又逐步降低。篮球运动作为受众群体最多的运动项目之一，不仅能够增强体质、提高运动技能，而且起着改善身体运动机能的显著作用。因此教师在教学过程中要遵循身体机能变化规律，根据学生的身体素质，组织科学合理的篮球教学，以达到提高教学质量的目的。

（三）篮球运动技能开放性与对抗性理论

运动是人的天性，人类在社会实践中创造了丰富多彩的体育运动项目，不同专家学者基于不同的研究角度将体育运动技能分为不同的类型，不同性质体育运动技能存在着显著的差异。篮球作为直接对抗性运动项目之一，具有以下特点：首先，是否能够根据比赛中攻防关系的变化恰当地使用技术是衡量一名篮球运动员技术是否纯熟的重要标准；其次，篮球技术的运用没有固定的程序，即篮球技能属于开放性运动技能。这就要求教师在教学的过程中，要遵循篮球运动技能学习与认知规律，注重培养学生的篮球意识，引导学生树立起顽强不屈的意志品质，提高他们的快速反应能力和对抗能力。

（四）篮球运动训练理论

1. 周期训练理论

周期训练理论，是训练安排和制订训练计划的基础。周期训练理论的提出，源于人们对运动训练规律的深刻认识。运动训练界的专家学者通过大量的研究发现，不管人们从事进行何种体育活动，其生理机能的变化规律是基本相同的，在这个基础上，专家学者们总结出了运动训练具有普遍意义的规律，如竞技状态发展规律、疲劳与规律等。周期性运动训练过程就是以运动训练规律为指导思想，以循环往复、周而复始的方式进行。周期性是运动训练的基本规律之一，它的实质在于系统地重复各个完整的训练单元，包括训练课、小周期、中周期、大周期。以周期为基础来安排训练就能把训练任务、方法和手段系统化，并能保证其连贯性。

2. 训练调控理论

（1）超量恢复理论

人们参与运动的过程中，体内的能源物质不可避免地被消耗。运动结束后，通过适量的补充，原本被消耗的能源物质，不但可以恢复到运动前的水平，而且在一定时期内还会出现超过原有水平的情况，称为超量恢复。

人的身体机能具有记忆功能，当人们参与负荷较大的运动时，身体机能就会将这次运动所消耗的能源物质记录下来，机体为了避免未来重复该运动时再次出现能源物质耗尽的情况，就会提升其水平，这就是超量恢复的原理，是一种预防性和保护性机制，是机体在运动负荷作用下产生的训练适应过程中的第一个阶段。该理论已被广泛应用到运动训练中。

（2）应激性理论

人在社会实践中总会不可避免地遭遇各种各样的外部强负荷刺激，面对强负荷刺激，机体的生理和心理会产生相应的反应，这种状态称为应激。为了提高运动水平，教练员会结合运动员的身体素质，遵循循序渐进的原则，适量增加运动负荷，使身体机能打破原有的平衡状态，达到一个新的负荷水平。当运动员适应了新的负荷后，又再次增加负荷。这样周而复始，从而实现训练水平提升，这是"超量负荷原理"，而这一原理的生理学基础就是应激学说。

第二节　篮球教学模式

体育教学模式是指以体育教学活动为对象，在某种教学思想的指导下应用相应教学策略的教学程序。体育教学模式在提高教学质量中发挥着积极作用，它包括课程设置的框架或类型，相对稳定的教学过程结构和相应的教学方法体系。

一、"三基型"教学模式

"三基型"教学模式侧重于向学生传授篮球的基础知识，指导学生掌握篮球的基本技术和基本技能，引导学生树立终身锻炼的理念，以增强学生的素质为教学目的。传统的教学模式以行政教学班为主，"三基型"教学模式是在沿袭原行政教学班的基础上，不打乱班级而采取混合性授课方式。相比于传统教学模式，该体育教学模式具有如下优势：第一，此教学模式强调教师在教学过程中的主导作用，教师采用讲解法向学生讲授篮球基础知识，运用示范法使学生了解篮球基本技能，通过重复的锻炼使学生扎实地掌握篮球的"三基"；第二，此教学模式有着明确的教学目的，教师可以按照既定的流程组织教学，有助于教学活动朝着规范化方向发展；第三，此教学模式有助于鼓励学生参与篮球运动，对于培养学生坚韧不拔的意志品质和集体主义精神也有着积极意义。与此相对应的是，该教学模式的弊端也是相当明显，比如为了能够让学生熟练掌握篮球技能势必需要进行大量枯燥的训练，容易使学生产生厌烦情绪，灵活性和趣味性不足。

二、"一体化型"教学模式

"一体化型"教学模式以增强学生体质、引导学生树立良好的体育锻炼习惯为指导思想，该目标的实现并不是一件容易的事，课堂作为篮球教学活动的主阵地，发挥着重要作用，同时也要充分发挥早操与课外活动的作用，实现三者的有机结合。该教学模式的优点体现在以下方面：首先，传统教学模式中篮球的教学与练习处于割裂状态，学生只能在课堂上接触篮球，课后就会将学到的篮球技能逐渐忘却。而该教学模式将篮球课教学与课外活动联系起来，这样学生不仅在课内掌握了篮球技能，在课外还得到了锻炼的机会，实现了篮球课教与学的无缝衔接，有助于增强学生体质，培养他们从事篮球锻炼的习惯。其次，该教学模式也改变了传统教学模式中篮球场地和器材长期浪费的现象，使学校的场地和器材得到充分的利用，为学生的体育文化生活增添了一抹亮色。这种教学模式的缺点也很明显，如它对学校的体育课外活动场地和器材提出了更高的要求，需要学校提供适宜的场地、充足的器材以及经验丰富的教师，因此学校必须投入大量资金修建场地和购买器材，以及引进更多的教师，以确保这一教学模式得以顺利开展。

三、"并列型"教学模式

"并列型"教学模式以激发学生的学习热情、发展他们的运动能力为教学指导思想。受遗传、教育等多方面因素的影响，学生的身体素质和运动水平是大不相同的。传统教学模式中，教师通常根据学生集体的一般情况来制订教学计划。对于基础较好和较差的学生没有表现出特殊照顾的倾向，导致基础较好的学生无法学到真正有用的知识和技能，久而久之，这部分学生学习的激情就会逐渐消退；而基础较差的学生又无法深刻理解进而产生厌学情绪。有关研究表明，"吃不饱"或"吃不消"学生的人数呈逐年上升趋势，对于学生的全面发展造成了不利影响。"并列型"教学模式，尊重学生的个体差异，为适应不同篮球水平同学的要求，在一、二年级既设篮球基础课，又设篮球选修课，对篮球基础不同的学生区别对待，因材施教，引导学生发挥自身优势，树立信心，提高教学的有效性。该教学模式的不足之处是学习进度和难易程度不容易掌握，教师备课的工作量增加，对于师资力量提出了更高要求。

四、"三段型"教学模式

"三段型"教学模式以培养学生的篮球意识、提高学生的篮球能力、帮助学生养成利用篮球进行体育锻炼的习惯为指导思想。该模式的应用范围以高校为主，它将高校的篮球课分为三个阶段：大一为第一阶段，开展篮球必修课，向学生传授篮球基本技能；大二为第二阶段，在此基础上讲授篮球战术方面的知识，使学生对篮球运动有着更深层次的理解；大三、大四为第三阶段，开设篮球选修课，使篮球爱好者继续深入学习。这种模式的不足之处在于开设的层次过多，对师资力量、场地等要求较高。

五、"分层次型"教学模式

"分层次型"教学模式以强调遵循大学篮球课基本规律为指导原则，主张尊重学生的个体差异性，讲究在教学的过程中要充分考虑学生的年龄特点

和身体素质，将学生的个体心理特征作为教学的出发点，以促进学生身心全面发展为总纲，在借鉴和参考其他学校成功经验的基础上，结合本校的实际情况，建立形式多样的教学组织形式，让学生拥有更大的选择空间，不仅有利于培养学生的个性、提高学生的创新能力，还有利于营造生动活泼的课堂氛围，形成主动学习的新局面，同时还能培养学生锻炼健康意识，引导他们养成定期锻炼的良好习惯，提高自学能力。该教学模式并没有固定统一的教学组织形式，需要教师深入了解学生的体能状况，结合他们篮球基础的差异，并以身体素质的综合评分和篮球运动能力为指标进行划分，实施分层次教学。这种教学模式有助于培养学生的竞争意识，为终身体育观念的树立奠定坚实的基础。这种教学模式以学生中心，尊重学生的个体差异性，不同的班级明确不同的教学目标，使用不同的教材，采用不同的教学方法，应用不同的教学策略，因班而异，区别对待，最大限度地激发学生学习篮球的积极性。传统教学模式以系（科）和专业为标准，对于同一专业的学生采用相同的教学方法，而忽略了学生体能上的差异，导致篮球运动能力较差的学生无法跟上教学进步，从而丧失学习的兴趣，更不用说调动他们的潜在能力了。"分层次型"教学模式打破了系（科）和专业界限，让基础相似的学生在课堂上有了共同语言，增强了社交能力和合作精神，营造了相互学习和交流的良好环境，为教学质量的提高和教学目标的实现创造了有利条件。与此同时，该模式的缺点也是极为明显的，每个专业的上课时间并不一致，按照身体素质开班，管理既繁杂又艰难，并且对于师资、场地条件的要求也非常高。

第三节　青少年篮球运动训练实践的理论基础

篮球运动训练的理论体系是指导篮球运动教学与训练，特别是对青少年篮球运动员培养的理论支撑。它包括篮球运动训练的原则、篮球运动训练的内容、篮球运动训练的方法等。

一、篮球运动训练实践原则

原则是某一种事物客观规律的反映，是人们在认识和参与这一事物时所必须要遵循的基本要求。篮球运动训练原则就是篮球运动训练过程客观规律的反映。篮球运动有它的自身特点和不同于其他运动项目的客观要求。篮球运动自产生到现在已经有一百多年的历史，在长期的运动实践过程中人们不断地总结成功的经验和失败的教训，横向运用各学科知识，如物理、化学、数学、心理学、统计学等，去探究和总结篮球运动过程中独有的客观规律，把这些感性认识升华到理性认识的高度，并进行科学的归纳。以理论来自实践又指导实践为基础，对篮球运动训练的过程、特点等进行梳理和归纳。把篮球运动训练的原则归纳为：自觉积极主动参与原则、直观性原则、全面身体素质训练与专项训练相结合的原则、训练过程的连续性原则、长期性和周期性原则、个体差异与区别对待原则、科学的运动负荷原则、巩固与提高原则。

（一）自觉积极主动参与原则

自觉积极主动参与原则是许多学科教学都通用的，篮球运动中的自觉积极主动参与原则是指在篮球运动过程中运动员要主动参与、积极思考、深刻认识和明白自己训练的目的性和动机，积极主动地参与练习，独立思考，创造性地实现训练目标。

青少年篮球运动员朝气蓬勃，充满活力，他们对篮球运动的正确认识和理解决定着他们参与这项运动的积极性，从小树立正确的篮球价值观，对于他们参与的目的性会有正确的指导作用。有了正确的态度，明确了目的性，有了发自内心对篮球运动的热爱，就会对篮球运动产生兴趣，参与篮球运动收获的愉悦，会不断地激发运动员勇攀高峰、永争一流的信念。在训练过程中教练员要把培养运动员的目的性、积极性放在首位，通过启发教育和采取不同的有力措施，培养和提高学生的自觉主动参与理念，只有这样运动员才会学会独立思考问题，自觉地、积极主动地完成训练任务。

（二）直观性与思维相结合原则

直观性与思维相结合原则适用于其他学科的课堂教学，也适用于体育课堂的一般教学。篮球运动过程的直观教学与思维性相结合原则，就是运用各种手段，同时利用现代化的教学载体及现代化的模式，如视频影像、多媒体等调动运动员的视觉、听觉、触觉等各种感觉器官同时工作，使运动员获得对篮球运动技术的整体感知，以此引导运动员进行积极自觉的独立想象和思考，从理论上和实践上建立完整的篮球概念。

直观性与思维相结合原则遵从了人们对事物的认识规律，从感性到理性，从生动直观到充满想象的抽象空间思维。只有表象感觉的事物我们不能够剖析它、理解它，但是理解了的事物我们就能够更加深刻地感知它。运动员在学习过程中先通过各种器官的感受，形成对某项运动或者某种技术的整体印象，再通过对外部表象的理论认识和思考，形成对该项事物的概念，用概念再去思考表象，从而逐渐掌握技能。篮球运动的技术呈多样化的趋势，战术变换更是复杂多样，因此，青少年篮球运动员在学习开始，要首先对各个动作建立科学、清楚、规范、正确的概念。在概念形成的过程中要引导学生进行积极思考，运动员只有建立起独立的思维过程。才能形成准确科学的概念，从而在学习过程中掌握正确的技术动作，建立规范正确的动力定型。

（三）全面身体素质训练与专项训练相结合原则

全面身体素质训练与专项训练相结合的原则是指：青少年篮球运动员在训练过程中，要根据队员的身体条件和专项水平以及不同的训练阶段、训练时期的目标和要求，使篮球运动员的整体水平得到提高，根据实际情况为队员制订全面身体素质和专项技术协同发展的计划。全面身体训练是指在训练过程中，制订科学规范的训练计划，运用各种不同的手段和方法，增强身体相关器官系统的机能，全面发展和提高身体素质，改善身体形态，培养坚强的意志品质。它是为专项技术的训练服务的。专项训练是指在训练过程中以篮球技术为主，以及与它技术动作特征相似的练习，提高篮球专项技术所需要的各器官系统机能，增强运动素质，掌握篮球的技术、战术以及相关的理论知识，改善、提高篮球专项技术需要的意志心理品质。篮球专项技术最终的目的是不断提高运动员控制篮球的综合能力。

篮球运动是赛场上攻守双方的运动员接触频繁、对抗激烈，是对个体的篮球技术要求较高的运动项目。比赛的过程需要通过运动员身体激烈的对抗、快速的反应和娴熟的篮球综合技术才能完成。这些特点就决定了娴熟的篮球技术和综合全面的身体素质是一个优秀篮球运动员必须具备的。青少年篮球运动员要达到或满足这些条件，除了要进行全面的身体素质训练外还要进行严格的专项技术训练。在篮球训练中，运动员良好的身体素质是提高专项技术的重要保障，它对学习掌握和提高技战术水平、避免受伤以及赛场上保持良好的竞技状态起着非常重要的作用。但是如果只加强全面身体训练而忽视专项训练，也不能够使专项技术水平得到提高。这就要求青少年篮球运动员的训练要遵循全面身体素质训练与专项训练相结合的原则。

（四）训练过程的连续性原则

训练过程可以理解为一个篮球运动员从最初的接触篮球且学习篮球运动开始，到篮球的技术水平达到一个很高的水准或者说直至篮球活动的结束。训练过程的连续性原则就是指在这一过程中的不同阶段，根据不同时期的要求制订适合的科学规范的训练计划。各阶段训练之间内容和任务要求要密切衔接，长期的计划是各阶段计划的综合体现。在青少年篮球教学与训练中，要让运动员掌握相对完整的、系统的篮球知识和技能。就要始终坚持和遵循这一原则，因为篮球知识和篮球技能的结构是完整的，在教学与训练中必须要保持它的完整性，并且要严格遵循篮球运动员成长各个阶段之间的连续性。

青少年篮球运动员对篮球技术、技能以及战术的掌握与提高，同样遵循事物发展变化的规律，绝对的平衡发展是不可能的。在不同的成长阶段，不同的训练时期，会有不同的要求和任务，就会发生各种不同的问题和出现各种不同的矛盾。因此，青少年篮球运动的教学与训练工作不但要求教练员要制订严格的阶段训练计划，还必须要保持计划的系统性和严密性，同时还要注意在不同的训练时期容易出现的各种矛盾和问题，及时改正和解决。

（五）长期性和周期性原则

青少年篮球训练水平的提高需要长期的不间断的连续训练，所以青少年篮球的训练工作是一个长期的、连续的、不间断的训练过程。但是，具体的训练过程和比赛的安排、技术水平的提高是有一定规律的。青少年篮球的训练过程就要遵循这一规律，按照相应的节奏，把训练分为几个周期和阶段进行。因此青少年篮球长期训练计划的制订，还要贯彻阶段性和周期性原则，这些对形成良好的竞技状态起着非常大的作用。

周期就是遵循一定规律，周而复始，循环往复的意思。青少年篮球训练过程中要遵循的长期和周期的训练原则，是指青少年篮球运动的训练过程是一个周而复始、循环往复交替进行的训练过程，在训练计划长期性的大原则范围内，每一个往复不是简单机械的重复，而是在前一个循环的基础上不断增加身体和技术战术难度，进一步提高要求改进方法，如此周而复始使青少年篮球运动员的水平达到训练要求，在比赛中取得优异成绩。在青少年篮球的训练过程中，训练的内容、手段、方法都是反复进行的，但是每一个周期的反复都是不断地、科学地增加运动负荷，这样才能不断改善和提高青少年篮球运动员的心理、技战术和运动能力。当青少年篮球运动员的训练达到一定水平后，又在这个基础上再次增加难度、提高要求。从而使青少年的篮球训练在一个科学规范的模式下进行，以达到训练的最高目的。

（六）个体差异与区别对待原则

青少年篮球运动训练过程中，存在着队员的年龄、身高、发育、体质、技术水平和意志品质、文化层次等不同的现象。个体差异与区别对待原则是指青少年篮球运动训练计划的制订、过程的实施，要根据每个运动员的个人特点和实际情况，选择规范科学的训练方法、训练手段、适中的运动负荷。

青少年篮球运动员每个个体之间存在着许许多多的差异，包括运动能力、知识水平、身高体重、力量速度等等，并且这些差异还会随着训练项目的实施，不断地产生更大的变化和差异。比如，有的队员进步快，有的队员进步慢，有的队员投篮好，有的队员篮板球抢得好，有的队员身体素质好能够承受大的负荷，有的队员需要小的负荷，等等。这些不可控的变量都要求在训练过程中针对差异而区别对待。篮球运动的训练特别适用于这一原则，因为篮球场上队员位置不同、分工不同、要求不同。

青少年篮球运动训练过程中要贯彻和执行好这一原则，教练员要对每个队员进行深入了解，训练计划的制订要在全面了解队员的情况下完成，这样制订的计划才更科学、规范、更有针对性。在训练计划的实施过程中，还要正确处理集体训练和针对个人不同特点的训练。同时重点队员和一般队员的训练都要严格要求，不能厚此薄彼，人为地制造矛盾，影响团结。

（七）科学的运动负荷原则

青少年篮球运动训练中科学的运动负荷安排，是一个非常重要的问题，它对运动员身体的健康成长、运动员运动技术的掌握都有着非常关键的作用，科学合理的运动负荷遵循"超量恢复"原则。在青少年的篮球运动训练中，如果没有大强度超负荷的训练，就没有身体的超量恢复，就不会有训练水平的提高，训练目的就很难达到。青少年篮球运动员训练中运动负荷的安排要科学规范，如果盲目地安排运动负荷，以为强调大强度才会有大的超量恢复是错误的。盲目地加大运动量和运动强度，或者训练内容的安排缺乏合理性、规范性、科学性，有可能造成运动员的疲劳并且对运动和训练产生厌烦和抵触情绪，严重的亦能造成身体损伤。因此青少年篮球运动的训练过程中，如果要进行大运动量训练和增加大的运动负荷，就要考虑运动员的身体训练水平和技术水平，科学合理地安排运动量和运动负荷。运动强度的增加，要根据青少年篮球运动的训练特点进行安排，做到科学合理、循序渐进。

科学的运动负荷原则的运用，还要遵循于超量恢复的原理和人体适应的规律。超量恢复是指运动员在进行高强度、大负荷的训练后，肌体会产生疲劳，然后在恢复的过程中产生超量恢复，即产生疲劳—恢复—超量恢复的过程。人体适应的规律是指肌体在承担运动负荷后会有一个适应过程，当运动员的身体对这一负荷适应后，身体就会出现机能节省的现象。如果说之后的训练负荷还是保持原来的水平，运动员的身体就不再产生新的适应，身体机能也不会有进一步的提高，只有对肌体施以强度更大、负荷更大的刺激。身体机能才会提高到一个新的水平。青少年篮球运动员的训练，科学的运动负荷是关键，同时也要注意正确处理好负荷与恢复的关系。

（八）巩固与提高原则

在青少年篮球运动的训练中，对已经学习过和已经掌握的运动技能和技术进行经常的、重复的练习，是成绩不断提高的必要条件。这是因为一切运动技术、运动技能的掌握、巩固与提高，都是大脑皮层建立的动力定型决定的。如果巩固与提高的训练不及时进行，动力定型的效果将会受到很大影响，动力定型将会消退得非常快，对青少年篮球运动的训练效果及教练员的教学训练产生不利影响。青少年篮球运动员的训练过程中，如果一个队员对某一项技术、技能没有掌握好，不能够灵活自如地运用，他在比赛中就不能够根据场上攻防节奏的变化，创造性地、熟练地去运用这个技术或者技能。所以说在青少年篮球运动训练中，经常根据巩固与提高这一原则安排训练，对篮球运动竞技水平的提高有着重大意义。

二、青少年篮球运动训练实践的内容

青少年篮球运动训练的内容丰富多彩，进行梳理归纳可以简单分为：身体训练、技术训练、战术训练、心理训练、智能训练、意志品质培养、爱国主义教育。

（一）身体训练

身体训练是一切运动项目训练的基础，青少年篮球运动员的训练过程中，身体训练有举足轻重的作用。身体训练是篮球运动训练中技术训练和战术训练的基础，篮球运动中的某些高难度的动作对于身体素质有着极高的要求，如果身体素质达不到要求，就无法在短时间内掌握动作技巧，更不用说在比赛中巧妙地应用这些动作了，如美国的优秀篮球运动员迈克尔·乔丹，罚球线起跳的滑翔扣篮，比赛中出神入化的各种姿势的扣篮、拉杆上篮等，都是有良好的身体素质作为保障。良好的身体素质会使得篮球运动员的技术、战术发挥更加完善。所以，青少年篮球运动员的运动训练过程必须要高度重视身体训练。身体训练包括速度、力量、耐力、柔韧性等项目。身体训练还要根据不同的年龄、不同的训练时段、运动员的身体条件等进行科学安排。

（二）技术训练

青少年篮球运动训练中，技术训练是基础，直接影响着战术的训练掌握和临场的发挥。任何一个体育项目都有它自身的技术，合理、正确、规范的技术，能够使自身的运动潜能和运动素质得到高效的发挥，运动成绩得到提高。篮球运动是一种变化多样，集协调性、灵活性等于一体的运动，技术的作用更为关键。

青少年篮球运动员对技术的学习和掌握是无止境的，技术训练永远在路上。随着运动员身体素质的不断增强和身体机能的不断提高，比赛中对技术的要求越高，对运动技术的训练也就赋予了更高的要求和责任。技术水平越高越不能够出现失误，哪怕是微小的失误，比如说篮球比赛即将结束，双方比分打平，此时进攻球队获得罚球权，罚中一分就会取得比赛的胜利；还有一种情况就是比赛还剩 1 秒的时间，其中一方获得一次罚球权，此时本队落后一分，如果罚不中就只有输掉比赛。比赛关键阶段需要运动员的技术过硬，勇担大任，这个时候如果出现失误就会失去比赛的胜利。因此说技术训练是关键，优秀的篮球运动员必须要具有过硬的投篮、传球、运球等技术。

（三）战术训练

各种体育项目都有自己的战术，它是建立在运动员的自身条件和技术水平的基础上的，在一些对抗性强的集体项目中战术的意义更为重要。篮球运动项目身体接触频繁、对抗性强，因此青少年篮球运动员不但需要有良好的个人身体素质、个人技术、更要具有较高的战术素养。在双方水平实力相差无几的情况下，胜负的结果往往取决于战术水平和运用，所以说战术训练在青少年篮球运动的训练中是不可缺少和非常重要的。

战术训练在于让队员能够在比赛中很快转换攻防节奏，在场上的形势复杂多变的情况下，能够正确、灵活地对形势做出判断，并且合理地运用战术、变换战术。让自己的身体特长和战术得到更加充分的发挥，从而取得最后的胜利。战术的目的就是通过合理正确地运用战术取得比赛的胜利，青少年篮球运动员的训练就要围绕这个中心制订，战术训练要充分体现作风顽强、积极主动、快速灵活、多变、全面、有针对性等，战术忌讳单一，每个队要多储备几套战术，根据对手的情况和特点有目的地选择运用。

（四）心理训练

心理训练可以分为两种：一种是广义的，是指在体育运动中，对运动员进行有目的的意识性很强的心理暗示，让他产生正确的心理反应，达到运动要求，满足提高运动技术水平和增强身体素质的需要。另一种是狭义的，狭义的心理训练是指训练具有针对性和专一性，为某一个运动项目的训练和比赛的需要而使心理产生变化。

青少年篮球运动员的心理训练可以理解为狭义上的心理训练。训练的目的是运动员在比赛中有正常规范的心理活动，比赛中的心理变化有助于平时训练水平的发挥。篮球运动员心理训练的内容有三条，一是通过正确、科学、规范的训练不断提高队员心理活动水平，用心理训练的方法，提高心理活动的强度、增强篮球运动员在比赛中对自己的心理活动自我控制的水平和能力。二是通过训练能够更加合理有效地控制运动员的心理活动强度。篮球运动的训练和比赛紧张激烈，平时运动员有一定的心理活动强度，但是不能够满足紧张比赛的需要。教练员在平时的训练中要帮助队员进行赛前的心理训练，提高运动员的心理活动强度，通过有效的手段让运动员学会自我心理控制，保证在比赛中运动员能够正常地发挥出自己应有的水平。三是通过训练消除比赛中出现的心理障碍。篮球比赛中心理障碍会影响技战术水平的正常发挥，技战术水平发挥的失误又会给运动员造成更大的心理障碍。实践证明，心理障碍的克服只有通过心理训练才能实现，比赛中正常的心理活动又会对运动员技战术的正常发挥起到关键作用。篮球运动心理训练可以分为：篮球训练的心理训练、篮球比赛的心理训练、篮球运动的心理修复训练等。

（五）智能训练

随着篮球运动的快速发展，对技术、战术的要求越来越高，对篮球运动员的理解能力、反应能力、分析问题的能力、对篮球运动各项技战术的掌握和执行力等的要求越来越高，对运动员的智能提出了更高要求。篮球运动员在训练和比赛中要掌握相关的科学理论知识，如生物学知识、力学知识、数学知识等，因此对篮球运动员的训练，特别是青少年篮球运动员的训练就提出了更高的要求。智能训练就是为满足这一要求而进行的，篮球运动中的智能训练是指根据篮球运动的特点和要求，有计划地科学安排运动员学习掌握文化知识、作为篮球运动技术和技能支撑的有关理论知识，同时还要培养把这些理论知识运用到实践当中的能力。一个没有文化知识、智能欠缺的运动员是不能够完成现代化篮球运动训练的任务的。综上所述，青少年篮球运动的智能训练可以分为两个方面的内容：一是理论知识的教育，二是智能的培养。理论知识主要是指除了生物学、力学、数学等知识外还包括与篮球运动相关的人体科学的有关理论，与篮球技术有关的科学理论。智能的培养主要是指篮球运动中对篮球的感觉与观察力、记忆力、想象力、接受能力等，以及阅读比赛的判断和分析能力。这些内容的训练需要有一定的组织形式和许多有针对性的措施，有计划、有目的的长期的培养才能达到优秀运动员的要求和标准。

（六）意志品质的培养

良好的意志品质，决定了一个运动员的意志是否坚定。篮球运动员之间意志的个体差异又是根据篮球运动员的意志品质来体现的。意志的品质内容主要包括下列几个方面：

（1）果断性。是指篮球运动员在训练或者比赛中遇到问题能够采取决定和执行决定。具有果断性品质的篮球运动员在比赛中能够果断地对遇到的问题当机立断，毫不犹豫地做出决定。果断性与勇敢刚毅是相关联的。

（2）自制性。是指篮球运动员在训练和比赛中能够理性地控制自己的行动，审时度势，使自己时刻保持理智，灵活妥善地处理问题，控制比赛节奏，把握比赛进程。自制性与刚愎自用和自我压抑有着本质的区别。

（3）坚持性是指篮球运动员能够用积极的心态，连续不断地去完成训练或者比赛任务，它受运动员的精力、追求、毅力等的影响。

培养篮球运动员坚强的意志品质，主要是让他们养成自觉性、果断性、自制性、坚持性等优良品质。要使篮球运动员养成这些好的优良品质就要从多个方面进行培养。首先是要运动员有正确的价值观和人生观。其次要加强对运动员的纪律管理，运动员必须要遵纪守法，纪律是取得成功的重要保证。同时还要让运动员树立追求目标，确立人生榜样等。日常生活中也要注意严格要求自己，树立敢吃苦、想吃苦、能吃苦的思想。

（七）爱国主义教育

我国是社会主义国家。热爱国家、建设国家是每个公民的光荣义务。中华人民共和国成立后，无论在哪个历史时期，爱国都是社会意识形态的主流。每个公民都有着强烈的民族自豪感，爱国主义思想、集体主义思想无时无刻不放射出伟大的光芒。我们国家的运动员从根本上讲是社会主义建设的专门人才，运动员创造优异成绩最主要目的应该是为国家为人民争光。纵观中华人民共和国成立后的体育发展，凡是取得优异运动成绩的运动团队和个人都是把国家利益、民族利益、国家的荣誉放在首要位置，都把在异域他乡升起五星红旗当作奋斗和追求的目标。女排精神是对爱国主义、集体主义最好的诠释，女排精神影响着社会的每个领域，对我们国家的社会主义建设有着积极的影响。中国的乒乓球队非常注重运动员的爱国主义思想的培养，球队经常去军营体验生活，去爱国主义教育基地实地感受并且接受教育，这些是他们取得优异运动成绩并且长盛不衰的主要原因之一。爱国主义这一伟大信仰是我国体育运动员进行运动训练、取得优异成绩、不断攀登世界竞技体育高峰的不竭动力和力量源泉。青少年篮球运动员的爱国主义思想的培养和形成更是训练过程的主要内容。要使青少年篮球运动员"胸怀祖国，放眼世界"，就必须要坚持正确的思想政治方向，只有这样才能在训练中不断克服重重困难，创造更加优异的成绩。

青少年篮球运动员的训练过程中爱国主义教育，应该以社会主义的核心价值观为主要内容，教育运动员热爱党、热爱人民、热爱我们的国家，崇尚英雄，树立正确的价值观和人生观，牢固树立为党、为国家、为人民、为社会主义而训练的思想。爱国教育和艰苦奋斗是密不可分的，爱国才能爱家，没有国就没有家，爱国主义是运动员保持艰苦奋斗的作风、勇敢顽强的毅力品质、不怕困难的精神的基本基础。同时青少年篮球运动员还必须具有良好的社会公德意识和健康的体育道德作风。总之思想政治教育、爱国主义教育是青少年篮球运动训练过程中不能缺少的内容，不同的训练时期爱国主义思想的教育和培养永远是不可少的。

三、青少年篮球运动训练实践的方法

方法是认识事物，探究事物的发展变化，实现目标、达到目的的途径和办法。运动训练方法是指运动员和教练员为了完成训练任务实现既定目标，而指定的有计划的、科学规范的办法和途径。青少年篮球运动的训练方法是指教练员对青少年篮球运动员的身体、篮球的技术、篮球的战术、篮球运动所需要的心理等要达到预定目标而采用的途径和办法。

随着青少年篮球运动水平的不断提高，训练手段也在不断发展。要想使青少年篮球运动员的技战术水平和综合能力达到很高的水平，只靠教练员和运动员日常所用的简单的具体方法，已经不能够满足这一需要了。青少年篮球运动的训练要赋予更多内容，为训练方法赋予更加广泛的概念。篮球训练的过程是要通过科学正确的训练方法实现的，运动员水平提高，阶段计划的完成，达到篮球运动专项训练的预定目标，都是通过训练方法的正确运用来实现的。

根据一定的标准要求可以把青少年篮球运动的训练方法分为三类：语言

法，直观法，练习法。语言法包括讲解、口令、指示、讲评等。直观法包括示范、视频、图表等。练习法包括分解法、完整法、持续法、重复法、间歇法、变换交替法等。

（一）讲解法

讲解法是篮球运动教学与训练中主要的常用方法，通过正确清楚的讲解让青少年运动员明确训练的任务、目标、要求。建立正确的篮球技术、篮球战术、篮球运动所需要的身体训练等概念。讲解的内容要具有科学性，要正确、准确表达篮球的本质和内涵。讲解时目的要明确，要有具体的明确的任务要求，确定的任务和要求要根据训练过程的实际情况。讲解使用的语言要通俗易懂，形象化、具体化。讲解的语言、使用的篮球术语、深浅程度，要跟青少年篮球运动员的年龄、实践经验和现有的知识水平相适应。讲解的过程中要让运动员保持注意力的高度集中，练习和讲解一般不能同时进行。给青少年篮球运动员讲解时要多用启发性的语言，引导运动员结合教练员的讲解积极自觉地思考领悟。讲解时的语言不能单一，可以跟其他语言法混合使用。

（二）示范法

青少年篮球运动训练中的示范法，是教练员直接给运动员做示范的教学方法。它是直观法中最直观，最常用的教学方法。在青少年篮球运动的训练中运用示范法，是运动员感受力最强的方法，它可以给运动员最直观最完整的动作概念和整体形象。青少年篮球运动的训练，由于运动员年龄小抽象思维不够完善，注意力不够集中。但是形象思维已经有一定的发展，模仿能力较强并且善于模仿，所以示范性的教学方法是非常重要的方法之一。示范法教学还可以是学生之间的互相学习、互相示范。

青少年篮球运动中示范法的教学效果还取决于其他几个方面的因素。一是示范的正确性，示范动作要规范正确优美。运动员通过观察模仿对所学技术进行形象具体的思维，在这个基础上形成对动作的抽象概念，然后再通过不断练习逐步掌握动作。二是示范的目的性要强，篮球训练中要让运动员知道通过示范要解决什么问题，运动员带着明确的目的观看示范，示范效果会收到事半功倍的效果。三是选择正确的示范位置和示范方向，教练员的示范

要让每个运动员都能看得到。再就是要想取得更好的效果就应把示范跟讲解有机地结合，理性的认识跟感性的认识互相补充。

（三）完整法与分解法

完整法跟分解法是篮球运动技术教学中常用的方法。完整法的教学是教练员对整个动作过程进行示范，给运动员一个直接的完整动作的概念和完整的动作直观形象，然后再进行示范。完整法使学生从接触动作技术开始就建立完整的概念，避免了动作技术环节之间的结构和联系产生影响。运用完整法的教学方法，想要取得较好效果还有几个因素应注意。首先，运动员要注意，开始学习掌握时要粗略地掌握动作的整个过程，建立完整形象，逐渐地再注重细节的练习。其次，运动员开始进行完整练习时，可以先降低标准，简化要求，降低难度。最后，还要注意发展青少年篮球运动员掌握完成动作必须具备的身体素质，同时要加强协调能力的培养。

分解法教学是教练员在篮球运动教学中把动作分成几个部分。按顺序依次示范讲解，学生逐个掌握，最后形成动作的整体概念。分解法的教学，对一些身体素质不够全面、接受能力稍差的队员是非常有利的。运用分解法教学的过程要注意三个方面的内容。一是动作的划分要科学规范，要遵循动作的结构和技术特点，避免动作的整体结构遭到破坏。二是要让运动员清楚明白分解的每个动作对完成整个动作的重要性。三是分解的目的是更好地更快地掌握完整动作，分解练习必须要服务于整个动作的掌握。

（四）持续训练法

持续训练法是指在周期相对较长，不间断地对某项技术进行练习。持续训练法多运用于田径、自行车等运动项目。在青少年篮球运动的训练中，有些技术是需要运用持续训练法的，如篮球的球性训练，投篮训练等基础性的练习。持续训练法的特点是训练时间长，运动量大，运动强度小。青少年篮球运动训练中运用重复训练法，对篮球的技术掌握、巩固、提高等有着很大的帮助。运用持续训练法训练，要根据篮球运动员不同的年龄、不同的训练水平，以及要解决的技术的不同，选择不同的练习强度和持续训练的时间。

（五）重复训练法

重复训练法是指在周期性和非周期性的项目的训练中，在动作结构和运

动负荷都不改变的情况下，遵照既定的要求，反复进行练习的一种方法。青少年篮球运动的训练过程中，身体素质的训练，技术、战术的训练都可以用重复训练法。重复练习的次数、重复练习的时间、重复练习中每次的强度要求、重复练习组数之间的间歇时间等决定着练习的效果。

重复练习具有不同于其他练习方法的特点。它要求每次练习的动作和负荷相对固定，重复练习之间的间歇时间要能够保证运动员休息时间充足。根据它的这些特点。青少年篮球运动员在进行训练时要注意以下问题：一是每次练习的重复多保持固定的强度；二是每次练习之间的休息时间一定要保证运动员的体力、精力等能够得到充足的恢复；三是青少年篮球运动的训练过程运用重复训练法主要用于对技术的巩固和提高，也可以在力量素质或者专项力量素质的训练中运用。

（六）间歇训练法

间歇训练法在青少年篮球的训练中被广泛运用。间歇训练法形式上看与重复训练法有许多类似的地方，两种训练方法都要有固定的间歇时间，都是在经过固定间歇时间后再进行下一组的训练。但间歇训练法是在肌体的机能尚未完全恢复的情况下就进行下一组的训练。间歇训练法的概念是指：在一次或者一组练习之后，在严格固定的休息时间内运动员运用积极的休息方式进行休息，在运动员的肌体能量尚未完全恢复到最佳状态之前进行下一组的训练。篮球运动的间歇训练方法由五个因素组成：一是每次练习的时间，二是练习的重复次数和组数，三是每次训练的负荷强度，四是每次或者每组之间的间隔时间，五是间歇期间的休息方式。

（七）变换训练法

青少年篮球运动员运动训练的变换训练法是指在练习过程中有目的地变换练习的运动负荷，如练习时间、力量训练时的负重重量、动作速度、练习的环境等情况下进行训练的方法。变换训练法的特点是变换练习内容的运动负荷、动作的组合、环境及其条件的变化，对运动员的肌体和感官产生多种刺激，达到训练目的。变换训练法在青少年篮球运动训练中能够起到较大作用。一是可以提高运动员对于训练和比赛的适应能力；二是可以使运动员的多种感觉都能得到培养；三是可以增强运动员训练的兴趣，提高积极性。

在青少年篮球运动的训练中运用变化训练法时还必须要注意以下问题。一是训练负荷以及环境的变化要有目的性和科学性，要根据训练的任务和运动员存在的问题制订计划。二是练习中的运动负荷根据实际情况决定还是预先计划。三是篮球运动员的技术训练时运用变换训练法在达到训练目的后，要及时恢复到正常的状态。四是篮球运动员训练运用变换练习法可以提高运动员的练习兴趣，但是环境的变化同时也会使运动员的注意力转移，从而影响训练的关注度。

（八）循环训练法

篮球运动中的循环训练法是一种组合的训练方式。它是根据训练目的的要求和具体的训练任务，设立若干个练习点，运动员按照教练的要求，依次完成每个点的动作和要求，周而复始地进行科学练习。循环练习可用于身体训练也可以用于篮球的技术动作训练。在篮球运动员的训练过程中，运用循环练习法还要注意几个问题：一是要根据训练的任务和需求，科学安排并固定相关内容；二是循环练习运动负荷的确定，要根据几组练习的情况进行归纳；三是循环练习规定的负荷、次数等不适合经常变动，要有一定的连续性。

四、青少年篮球运动训练的安排

青少年篮球运动训练的安排就是指青少年篮球运动训练及计划的制订。包括多年训练计划、年度训练计划、阶段训练计划、周训练计划、课时训练计划等。

（一）多年训练计划

多年训练计划，也称长期训练计划。青少年篮球运动的多年训练计划，是一个长期的训练过程规划，需要几年甚至十几年或者更长时间，它是按照运动训练总的目标和任务，结合青少年篮球运动员要培养达到的最高要求制订的。向优秀运动员方面培养和发展要参考国际国内的重大比赛如奥运会、亚运会、全国运动会制订计划年限。学校可指定小学六年、初中三年、高中三年的训练计划。业余体校可根据运动员的入学年龄和身体状况制订训练计划。青少年篮球运动员从接触篮球到达到较高水平，大约要经过8～10年的系统训练。为了安排得更加合理和规范，可以把8～10年的训练分为基础训练和技战术水平的提高两个主要阶段。青少年篮球运动员的基础训练需要4~5年的时间，主要进行一般的身体素质训练和篮球的基本技术训练。技战术水平的提高可以根据青少年篮球运动员实际训练情况而定，一般情况下需要5~6年的时间，主要进行技战术的综合能力训练。

青少年篮球运动员多年训练计划的内容：

（1）多年训练的指导思想、所要完成的终极目标和达到的最高要求。

（2）对青少年篮球运动员基本情况的分析，如意志品质、身体发育情况、基本技术情况、文化知识水平、性格特点、神经类型等。

（3）确定爱国主义教育、意志品质的培养、篮球的综合能力要达到的终极目标。

（4）多年训练计划中各年度训练之间的衔接、运动负荷、训练内容的难度要求。

（5）青少年篮球运动员多年训练计划的制订还要参考各类比赛的安排。

（6）要保证青少年篮球运动员多年训练任务的一般性措施。

（7）要对青少年篮球运动员的训练过程运用科学的方法进行研究和统计。

（8）要制订科学规范的青少年篮球运动员训练过程的进度和目标完成情况。

（9）科学测定和评价篮球运动员训练水平发展进步的时间及办法。

（10）执行训练计划、完成训练任务必需的经费。

（二）全年训练计划

青少年篮球运动员全年的计划要根据多年训练计划的任务和要求，具体落实到各年度计划中去，训练计划的内容要比多年计划更详细和具体。

1. 全年训练计划的内容

（1）制订青少年篮球运动员的全年训练计划要对所有运动员的思想、意志品质、身体条件、技战术水平、文化课的学习等方面进行科学的分析。全年训练的任务包括爱国主义的教育、技战术理论知识学习的任务、身体训练和各种比赛的任务。

（2）根据青少年篮球运动员全年训练任务，确定训练的总时间、身体、技术、战术和运动成绩所要达到的具体的指标，进行爱国主义教育、思想教

育、培养意志品质的要求和对文化学习的要求，以及所采取的手段、方法和
措施。

（3）全年训练周期或者说训练阶段的划分。各个阶段负荷的安排，全年
参加比赛的次数，级别的安排。

（4）检查训练任务、指标完成的措施，定期进行身体检查、技能监测等
医务监督的具体时间和办法。

2. 全年训练阶段的划分

青少年篮球运动员的全年训练计划可安排为单周期或双周期，根据青少
年篮球运动训练竞技状态发展确定训练周期的各个训练时期或者训练阶段。
学校业余运动训练属于基础训练，竞赛任务较少，一般将全年作为一个周期，
并且按学期和季节把全年训练计划分为秋季、冬季、春季和夏季四个阶段。
各个阶段的训练任务、内容和方法按照多年训练计划规定的任务和要求进行
安排。

（1）秋季训练（9 月—11 月）：这一阶段是开学之初，青少年篮球运动
员刚集中在一起，要进行思想教育和动员，同时进行身体素质和文化课以及
技术的摸底和测验。

秋季训练的任务包括全面发展身体素质；进行技术教学与训练；改进技术
上存在的缺点；为冬训做准备；对身体素质和技术训练的各项指标进行检测。

秋季训练的内容和方法，主要采用发展提升身体素质的各种练习和及时
改进的各项练习以及其他各种练习。

（2）冬季训练（12 月—2 月）：一般把冬季训练当作打基础的训练阶段，
训练的重点在于提高青少年篮球运动员的身体健康水平和身体素质，以及专
项素质的重点训练，这个阶段可以利用寒假进行训练。

冬季训练的任务包括进一步发展与全面提高身体素质和专项素质、发展
一般力量和专项力量；巩固专项技术；身体素质和技术训练各项指标的检测。

这个阶段要适当减少技术训练的比例，增加身体素质训练的比例，特别
是力量素质。

冬季训练的内容与方法，主要是发展一般力量与专项力量练习，主要利
用杠铃等器械进行由轻到重的器械力量练习，也可以用克服自身体重的各种

跳跃练习等发展运动员的综合力量和专项力量。

（3）春季训练（3月—5月）：这个阶段要先对冬训成绩进行巩固，然后逐步提高训练的强度和密度，加强专项素质和专项技术的训练，这个季节学校一般都进行篮球比赛，要保证完成训练任务的同时积极参加，这样也可以使比赛与训练相互促进。

春季训练的任务是继续全面发展提高身体素质，在保证篮球运动员身体力量训练的情况下进行技术训练，提高篮球技术水平，使身体素质和技术训练的各项指标都得到增强。

这个阶段要适当增加篮球技术训练的比例，春季青少年篮球运动员训练的内容和方法，除了采用全面发展身体素质和篮球专项的身体素质的练习外，还应当进行与专项比赛相适应的技战术训练内容，可以在训练中通过队内教学比赛的形式进行。

（4）夏季训练（6月—9月）：这个阶段在青少年篮球运动员的全年训练中是个非常重要的季节，同时也是全年比赛最多的时期，一般情况下大型的比赛都会安排在这个季节，这样可以通过经常性的大型比赛对训练的情况进行检验，为以后训练计划的制订和修改提供可靠的技术参数。抓好夏季训练，是完成全年训练任务的重要环节，所以要充分利用暑假进行篮球各项计划的训练。

青少年篮球运动员夏季训练的任务是继续进行身体训练，在此基础上进行战术的训练，加强技术训练，提高技术水平，增加战术训练的内容，提高战术素养。使身体素质及各项技战术的水平和素养都得到增强。

青少年篮球运动员夏季训练的内容和方法、手段，除了身体训练内容外，还要围绕以篮球技术和战术为主的训练。

3. 阶段训练计划

青少年篮球运动阶段训练计划，是根据全年训练计划中所规定的各阶段的任务、内容、要求和训练次数等指定的。青少年篮球运动员训练的阶段划分一般都是以三个月为一个阶段，阶段训练计划是把全年训练计划中各阶段的内容更加具体化，阶段训练计划也包括训练任务、训练内容、身体素质训练以及技术训练和训练指标。

（1）青少年篮球运动阶段训练的任务包括：思想政治教育训练、身体素质全面训练、基本技术训练、个人战术素养训练、团队集体战术及其配合训练。

（2）青少年篮球运动阶段训练的内容，包括了身体素质全面发展提高的训练，篮球运动所需要的各种技术训练及其手段，篮球基本战术和整体战术训练，篮球运动中思想教育和爱国主义教育的各种手段内容和要求。

4. 周训练计划

青少年篮球运动的周训练计划是根据阶段训练计划所规定的任务、内容、要求制订的。在制订篮球运动的周训练计划时，要周密考虑身体素质和篮球技术训练、战术训练的比例，运动负荷和训练密度的合理分配。同时还要考虑青少年篮球运动员的思想政治教育、集体主义教育、爱国主义教育，文化知识的学习，热爱劳动教育，思维习惯以及学习习惯和自觉训练习惯的养成。篮球运动教学与训练的周训练计划包括计划的内容、一周运动及每节课各个训练内容的安排和合理的运动负荷及练习密度的设计，如果有比赛还要设计好赛前、赛中、赛后的技战术、心理等的安排。

在青少年篮球运动的周训练计划内容有一周的训练任务与要求，一周训练的次数和每次训练的时间及其内容采用的手段方法等。

5. 课时计划

篮球运动的课时计划是根据相应的周计划制订的，周训练计划中所规定的每次训练课的具体内容，安排手段方法等是课时计划制订的主要依据。

课时计划的主要内容包括：篮球训练的内容、任务、目标、时间、组织形式、教学方法、运动符合设定、密度预计、训练的主要手段以及集体辅导和个别的指导等，每节课后要有课后小结，它主要是总结不足，提出改进手段，不断提高篮球训练课的质量和训练效果，为科学规范的篮球训练积累数据。

青少年篮球运动训练计划的制订要根据训练对象的实际，科学安排，精心设计，规范管理。提高篮球训练的效率，使青少年篮球运动的训练成效不断提高，青少年篮球运动员的身体素质、技战术水平不断增长，团队意识不断加强。

五、篮球运动的训练负荷

青少年篮球运动训练的运动负荷安排，要遵循体育训练中的合理安排运动负荷的原则。合理安排运动负荷原则是指在训练过程中，根据训练任务和对象的特点，妥善安排训练的负荷，逐步地有节奏地增加负荷，直至达到极限要求。

青少年篮球运动的训练过程包括身体素质的训练和技战术的训练两大部分。合理科学地安排好训练过程中的运动负荷，对青少年篮球运动员的身体素质的全面发展和提高，技术和战术的提高起着非常重要的作用。

（一）合理运动负荷的理论依据

1. 超量恢复的原理

有肌体在承担了一定的负荷以后，会经历疲劳—恢复—超量恢复的过程。要使肌体产生的疲劳得到恢复和超量恢复，必须在有肌体承担一定负荷后，安排一定的休息时间。负荷和休息交替进行，负荷的安排要做到合理科学规范。在一定范围内负荷越大，刺激就越深刻，产生超量恢复的水平就越高。因此，进行极限负荷的刺激是必要的。

2. 训练适应的规律

有肌体在训练中承担运动负荷后，有一个适应过程，当有肌体适应了这一负荷后，肌体就会出现运动过程中节能的现象。如果运动员的肌体适应后，不再增加运动负荷，运动水平就不会得到提高。只有施加更强烈的刺激，使肌体产生新的适应，才能进一步提升运动水平。但是训练中的负荷如果不是逐步提高，而是提高过快、过猛，并且超出了运动员肌体所承受的能力的最大限度，同样也不能够产生新的适应，可能还会适得其反，造成对运动员身体健康的伤害。

（二）贯彻运动负荷原则应该注意的问题

（1）青少年篮球运动员的身体条件和篮球的技能水平存在着个体的差异，训练时要根据每个运动员的不同情况制订不同的训练计划、安排不同的运动负荷，充分体现青少年篮球运动员训练负荷的安排个体差异的特点。

（2）少年篮球运动员的训练中，负荷的安排要与篮球运动的特点相符

合，篮球运动对身体素质如力量、协调、平衡、速度等都要求较高。对技战术的掌握要求更是严格，根据训练计划的安排在不同的训练时期，有着不同的要求，因此篮球运动训练运动负荷的安排一定要根据篮球项目的特点进行合理安排，正确处理好负荷跟强度的关系。

（3）青少年篮球运动训练过程中，运动负荷的增强一定要由小到大，循序渐进逐步提高，形成加大—适应—再加大—再适应的科学的规范的训练过程。

（4）青少年篮球运动训练过程负荷的安排，要严格遵守超量负荷、超量恢复的客观规律，科学地安排训练和休息，不能急功近利、盲目草率。

（5）青少年篮球运动训练过程中，要加强医务监督的长期性，正确及时的医务监督，能够使运动员了解许多训练恢复的相关医学知识，对运动员理解有关的常识性的生理卫生知识也会起到很大的帮助。

第四章　青少年篮球运动技术训练

篮球技术是篮球比赛中运动员为了进攻与防守所采用的各种专门动作的方法的总称。篮球技术是进行篮球比赛的基本手段，它不仅是运动员个人水平的体现，也是衡量球队水平高低的主要标志。本章内容为青少年篮球运动技术训练，介绍了移动技术、传接球、运球、持球突破、投篮、抢篮板球、防守技术、熟悉球性技术八方面的内容。

第一节　移动技术

移动速度快是篮球运动的显著特征，为了赢得比赛的胜利，运动员在赛场上辗转腾挪，不停地改变身体的位置和方向，这期间所采用的各种脚步动作方法的总称就是移动。移动在篮球技术中起着基础性作用，运动员只有深刻领悟移动技术内涵，扎实掌握移动技术技巧，才能在赛场上保持身体的平衡，提升运动的速度和高度。纵观优秀的篮球比赛，队员几乎全部时间都是在动态中运用各类技术动作去完成攻守任务，各种攻防技术动作的完成与运用都需要脚步动作的配合。在进攻中，运用脚步移动可摆脱防守、选择有利的进攻位置，继而迅速合理地完成运球、传球、投篮、突破和抢篮板球；防守时，运用脚步移动可抢占有利位置、封堵进攻者移动路线，继而及时果断地进行抢打断球、抢篮板球等。任何攻防技术的应用都有赖于移动技术的支撑，篮球运动所具有的对抗性强和复杂多变的特点决定着移动技术在篮球运动中的作用和地位。因此，在篮球比赛中要求运动员积极快速地移动，合理

地运用各种脚步动作，充分占据有限的地面与空间，争取掌握攻防主动。

一、移动技术概述

移动技术包含多种脚步动作，如走、跑、急停、转身等。移动技术的顺利完成不仅需要下肢的配合，以踝、膝、髋三个关节为轴，同时还需要上肢发挥相应的作用，只有上下肢协调一致，才能使移动技术起到应用的功效。在移动过程中，身体姿势的改变、身体平衡的控制、身体重心的转移与变化，主要是通过脚、腿、髋的协调用力来完成的。

从人体运动规律与运动生物力学原理分析，在运用过程中，各种脚步动作通过脚对地面的作用力与地面所产生的反作用力，使身体姿势改变、身体位移产生，使人体产生运动而形成移动、旋转、制动等。脚对地面的作用力来自腿部伸展的力量，而腿部伸展的力量主要靠踝、膝、髋三个关节的合理屈伸，以及整个身体的协调配合，通过作用力和反作用力，就能克服人体重力、阻力使人体获得内力和外力，从而使人体产生起动、跑、跳、制动、转身等身体姿势的变化。

因此，快速地移动需要满足以下条件：第一，选择正确的用力方法；第二，选择适宜的用力角度；第三，选择合适的用力方向，并且要结合赛场上的实际情况，根据篮球运动的特点，提高脚步移动的合理性、灵活性和突然性。

二、移动技术教学

移动在攻防技术中起着基础性作用，需要以各种攻防任务为依据，在运动训练中快速准确地移动，这一切的实现都有赖于一个既稳定又并于移动的基本任务做保证，篮球界将这个基本责任称为篮球场上的基本站立姿势。

移动之前要认真观察赛场上的情况，在预判对方队员和己方队员动作的基础上，两脚前后或左右开立，略宽于肩膀，两腿弯曲，膝盖内收，大小腿之间夹角以 135° 为宜。为了保持身体平衡，身体重心应在两脚之间；上肢动作要与移动技术相协调，上体略微前倾，两臂呈屈肘状，自然垂于体侧。眼睛要时刻关注赛场上的变化。

移动技术作为攻防技术的基础，其运用得合理与否，对完成攻防任务有着至关重要的作用。

（一）起动

队员进入赛场之初处于静止状态，当比赛开始，裁判员准备发球，队员的动作就由静止状态向运动状态转移，这种起始动作就被称为起动。它在攻防技术中起着重要作用，是获得位移初速度的方法。进攻队员快速起动，能迅速摆脱防守，抢占有利的进攻位置，掌握进攻的主动。防守队员突然起动，能及时选择有利位置阻止进攻。篮球场上的移动速度表现在起动速度上。

动作方法：运动员保持基本站立姿势，起动时，原本处于两脚之间的重心向跑动方向移动，移动方向不同，脚的动作不同，如果准备向前移动，后脚就要向前起动，后脚的前脚掌内侧突然用力蹬地，同时手臂进行相应的摆动；如果准备向侧方移动，异侧脚就需要向侧方起动，异侧脚的前脚掌内侧突然用力蹬地，手臂协调摆动。为了保持身体平衡，前两步步幅要小且速度较快，伴随移动过程逐渐将重心向前移动，上体逐渐抬起，在最短时间内充分发挥最快速度。

动作要领：蹬地迅速，重心转移快，前两步小而快。

（二）跑

队员为了在球场上完成攻防任务，经常会改变位置，在赛场上为争取时间而进行的脚步移动方法称为跑，具有移动速度快、身体灵活、发动突然和身体多变的特点。随着篮球运动的日渐成熟，篮球场上出现了形式多样的跑，应用范围最广泛的有变速跑、变向跑、侧身跑等。

1. 变速跑

顾名思义，变速跑就是速度变换的脚步移动方法。球场上，队员为了迷惑对手、争取比赛的主动权，经常使用变速跑。

根据变换速度的不同，变速跑分为加速跑和减速跑，所采用的动作方法是有区别的。加速跑的动作方法如下：首先，两脚突然短促而有力地连续蹬地；其次，加快跑的频率；最后，上体略微前倾，手臂相应地摆动。减速跑时，前脚掌用力抵地，使快跑的前冲击力得以减缓，重心后移，身体由前倾状态逐渐直立，从而降低跑动的速度。

动作要领：速度变化明显，掌握快慢节奏。

2. 侧身跑

侧身跑是队员向前跑动时，为观察场上情况，摆脱防守从侧向传来的球而常用的跑动方法。其特点在于能在快速移动中随时观察球的方向。

动作方法：在向前快速跑动中，头部和上体转向侧面或有球的一侧，两脚尖要朝着移动方向，既要保持奔跑速度，又要完成攻守的动作。

动作要领：上体前倾自然转体，脚尖朝前。

（三）跳

跳是队员在球场上争取高度控制空间优势的一种动作方法。篮球比赛中有很多技术动作需要队员在空中完成，这就需要运动员能及时在原地、移动中和对抗条件下，运用单脚、双脚向不同方向起跳、连续跳等来完成技术动作，并且要跳得高、跳得迅速突然，控制主动，以便在空中更好地完成攻防任务。跳可分为单脚起跳和双脚起跳。

1. 单脚起跳

单脚跳多在跑动中进行，常用于投篮、抢断球、抢篮板球等情况。

动作方法：起跳时，起跳腿迅速屈膝，脚跟积极着地迅速过渡到前脚掌用力蹬地，同时提腰摆臂，另一腿提膝积极上抬，加快起跳速度。当身体上升至空中最高点时，摆动腿自然伸直与起跳腿自然靠拢，身体伸展。落地时双腿迅速屈膝缓冲，控制好身体平衡，便于衔接其他动作。

动作要领：起跳腿用力蹬伸，摆动腿、腰腹、两臂和上体协调配合向上用力，控制身体平衡。

2. 双脚起跳

双脚跳常用于原地跳球、投篮、抢篮板球和抢断球等情况。行进间起跳时，常和跨步、并步等脚步动作结合运用。

动作方法：两脚开立与肩同宽，屈膝快速下蹲，降低重心。起跳时，两脚用力蹬地，提腰，两臂用力上摆，使身体腾起在空中，并保持平衡伸展。落地时，前脚掌先着地，屈膝缓冲，控制身体重心，快速和其他动作衔接。

动作要领：起跳前屈膝降重心，起跳时用力蹬地，向上摆臂、提腰等动作要充分、协调。

（四）急停

急停是队员在跑动或移动时突然制动的方法，它是球场上各种脚步动作和变化的过渡动作，借以摆脱防守或阻挠进攻。球场上常用的急停动作有跳步急停和跨步急停两种。

1. 跨步急停

跨步急停也称两步急停。

动作方法：在快速跑动中突然急停时，先向前跨出一大步，全脚掌抵地的同时，迅速屈膝，同时身体微向后仰，后移重心，减缓前冲力，接着迅速跨出第二步，用前脚掌内侧着地，脚尖内扣，两膝弯曲，身体侧转微前倾，重心落在两脚之间，两臂屈肘并自然张开，保持身体平衡。

动作要领：第一步要用脚外侧着地；第二步前脚内侧蹬地，控制身体重心。

2. 跳步急停

跳步急停也称一步急停。

动作方法：队员在跑动中用单脚或双脚起跳（不宜高跳），上体稍后仰，两脚同时平行落地，控制好身体平衡。落地时，用全脚掌着地或脚跟向前脚掌过渡，双膝微屈降低重心，两臂屈肘微张，保持身体平衡。

动作要领：控制好起跳高度，双脚落地时，屈膝降低重心，重心控制在两腿之间。

（五）转身

转身是队员以一脚蹬地向前或向后跨出的同时，另一脚作中枢脚进行旋转而改变身体方向的一种动作方法。转身在比赛中应用广泛，经常与其他技术动作组合运用。进攻时，转身常与急停和跨步结合运用，借以摆脱防守或创造进攻机会；防守时，运用转身堵截进攻路线、抢占防守位置、抢篮板球等。转身技术可分为前转身和后转身两种。

1. 前转身

以一脚作中枢脚，另一脚从中枢脚前面跨过从而改变身体方向的动作叫前转身。常在背对进攻方向或背对防守者或作为假动作与其他动作结合情况下运用。

动作方法：以右脚为中枢脚为例，转身时，移动脚向中枢脚前方跨出的同时，重心移至中枢脚，并以中枢脚前脚掌为轴用力碾地，肩部、腹部积极向转动方向扭转带动整个上体的转动。转身后，两膝弯曲降低重心，两臂屈肘置于体侧，保持身体平衡。

动作要领：前脚掌碾地要快速有力，身体迅速转移，重心保持平稳。

2. 后转身

以一脚作中枢脚，另一脚从中枢脚后面跨过后转身。常由原地或行进间运球时，运用后转身或后转身运球摆脱防守。

动作方法：以左脚为中枢脚为例，准备转身时，移动脚向中枢脚后方撤步，重心移至中枢脚。并以中枢脚前脚掌为轴用力碾地，同时身体重心后移，上体和腹部向转身方向扭转，保持身体平衡。

动作要领：腰胯带动躯干旋转，碾地迅速有力，撤步要快，重心不要起伏。

三、教学步骤与练习方法

（一）教学步骤

（1）移动技术教学步骤的顺序是：基本站立姿势、起动、跑、急停、转身、跳、滑步，应遵循先易后难、先攻后守的顺序。

（2）移动技术的教学与练习步骤，应先在原地练习，让学生体会动作方法和难点，然后在慢跑中学习掌握正确的动作方法，在此基础上逐步提高速度。

（二）练习方法

1. 起动

（1）从基本站立姿势开始，身体逐渐前倾，向前移重心，体会起动动作。

（2）听信号或看信号，向不同方向起动。

（3）自己抛球或他人抛球，先近后远。抛球的同时迅速起动快跑，在球落地之前把球接住。

（4）原地运球，看信号或听信号做运球起动练习。

2. 跑

（1）在场内根据手势或其他信号做侧身跑、变速跑、变向跑、后退跑。

（2）在场上做直线快跑、曲线快跑、利用三个圆圈做弧线跑、利用场上横线做折线跑。

（3）每人一球，抛球后，起动快跑接球，球不许落地。

（4）在场内连续交替做各种跑，如直线跑—弧线跑、弧线跑—直线跑、变向跑—弧线侧身跑等。

（5）根据信号和标志，做各种跑的变换练习。

要求：掌握与运用不同的蹬地方法来改变跑的方向、路线，以达到所需要的变化，练习中强调动作之间衔接要合理、身体重心的控制与转移。

3. 急停

（1）在慢跑、中速跑、快跑中做急停练习。

（2）听信号做徒手、运球急停急起练习。

（3）在跑动中做抛球、接球急停练习。

（4）快跑中做急停折线跑、急停转身折回跑、急停后起跑。

4. 转身与跨步

（1）原地徒手或持球做两腿转移重心、跨步、前转身、后转身的练习

（2）原地面对或背对防守队员做跨步、撤步、前转身、后转身的练习。

（3）原地、行进间急停后接球做前后转身或跳投练习。

5. 步法练习

（1）左右侧滑步练习

（2）侧滑步到前滑步变后撤步接侧滑步练习。

（3）侧滑步变后撤步接后滑步练习。

（4）沿规定路线或设置标志分别做三角形滑步和"八"字形滑步练习。

（5）一对一徒手对抗练习。一人跑动中伺机摆脱，防守者运用徒手步法封堵其跑动路线，抢占有利位置。

（6）一对一持球攻防练习。进攻队员持球做投篮、运球、传球等动作，防守队员做相应的脚步动作变换练习。练习一定次数后攻守交换。

（7）移动技术综合练习。

第二节 传接球

传接球是篮球运动中实现集体配合的主要手段，传接球技术质量的好坏，决定着战术配合的效果和进攻的质量。要想充分发挥集体力量、打乱对方的防守部署，只有全面熟练地掌握传接球技术。这样才能创造良好的进攻机会，达到有效进攻的目的。

传接球的形式繁多，有单手传接球，也有双手传接球，可以原地传接球，也可以移动中传接球，没有固定的模式。在实际运用中应该根据具体情况及时、准确、合理地完成传接球，并注意掌握好传球的时机、路线（直线、折线和弧线）和落点。

一、传接球技术动作方法

（一）传球的动作方法

1. 双手胸前传球

双手胸前传球是指双手同时握球，均匀用力将球传出的一种传球方法，双手传球是最基本、最常用的传球方法。其优点是控球面积大，握球牢固，不易被对方打掉，传球准确性高。用这种方法传出的球快速有力，可在不同方向不同距离中运用，而且便于和投篮、突破等动作结合运用。

动作方法：双手持球于胸腹之间，手指自然分开，用指根以上部位触球，掌心空出，拇指相对成"八"字形，两肘自然屈于体侧，身体成基本站立姿势，两眼注视传球方向。传球时，后脚蹬地，重心前移，同时手臂前伸，手腕翻转。出手时，拇指用力下压，食指、中指用力拨球将球拨出。球出手后，掌心和拇指向下，其余四指向传球方向。

动作要领：全身协调用力，将力量积聚到手指、手腕上，双手手腕前屈，食指和中指用力拨球和抖腕。

2. 单手肩上传球

单手肩上传球是指传球前单手持球于肩上，出手时单手将球传出的一种传球方法，是传球中最基本的传球方法之一。其特点是力量大、速度快、适

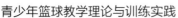

合于远距离的传球，常用于抢到后场篮板球发动长传快攻时。

动作方法：以右手传球为例，双手持球于胸前，两脚平行开立；传球时，左脚向传球方向迈出半步，同时将球引到右肩上方，肘外展，上臂与地面近似平行，手腕后仰。左肩对着传球方向，重心落在右脚上，右脚蹬地，转体，右前臂迅速向前挥摆，手腕前屈，通过食指、中指拨球将球传出。球出手后，右脚随着身体重心前移而向前迈出半步，保持基本站立姿势。

动作要领：肩关节充分外展，传球时，肘关节领先，挥臂扣腕动作连贯。

3. 反弹传球

反弹传球是指通过地面的反弹将球传给队友的一种传球方法，也称击地传球，是一种能有效避开防守的传球手段，遇到高个队员防守的时候运用该传球方法更有效。

动作方法：反弹传球可用双手或单手传球方法进行，其动作方法和各种传球方法基本相同，只是传球的方向是向下。需要注意的是反弹的落点应是防守人最难截断的地方（一般是在防守人的脚下）。

动作要领：传球方向、反弹落点要准确，传球迅速。

（二）接球的动作方法

1. 双手接球

双手接球是基本的接球方法，是比赛中运用较多的动作之一。其优点是握球牢稳，易与其他技术动作组合。

（1）双手接低于腰部的球

动作方法：接球时屈膝降低重心，一脚向来球方向迈出，眼睛注视来球，双臂前伸迎球，两手手指自然分开，拇指相对成"八"字形，掌心对着来球方向，当手指触球瞬间，两臂迅速屈肘收回，持球于胸腹间，保持基本站立姿势。

动作要领：屈膝降重心，屈肘收回减缓来球力量。

（2）双手接头部高度的球

动作方法：与接胸部高度的球相同，只是两臂向前上方伸去迎球。

动作要领：同接胸部高度球。

2. 单手接球

单手接球控制范围大，能接不同方向的来球。但稳定性差，适用于接来自身体两侧或侧后方的球，以及离身体较远、较高方向的来球。

动作方法：原地单手接球时，两眼注视来球，右手向来球方向伸出，五指分开，掌心对着来球。当手指触球瞬间，顺势收臂，左手迅速扶球，将球置于胸前，保持基本站立姿势。

动作要领：移动中接球时，要准确判断来球的时间和落点，并及时向来球方向跨步移动，伸臂迎球，接球后迅速降低重心，与其他技术动作衔接。

二、移动中的传接球技术

（一）规则对传接球技术的要求

规则对持球后的脚步动作有严格的规定，根据不同的情况可采用不同的方式传球。

（1）原地持球传球：传球时，当中枢脚确立后，移动脚可以做向任何方向的移动，一旦中枢脚抬起，那么，在落地之前必须传球出手，否则判为违例。

（2）行进间的接传球：行进间的接传球可以采用一步传和两步传。一步传是指跨步接球后，另一只脚落地之前就将球传出去。两步传是指跨步接球后，另一只脚落地后再将球传出去。可根据具体情况选用。

（3）行进间接球停步：移动中接球停步有两种，一种是一步停（跳停），另一种是两步停（跨停）。一步停是指跳起在空中接球，落地时双脚同时落地。两步停是指跨步的同时接球，落地时两只脚分先后着地，先着地的那只脚作为缓冲脚，被确立为中枢脚，后着地的那只脚为制动脚，被确立为移动脚，可以做任何方向的移动。

（二）移动中传接球技术的应用

在移动中传接球运用的效果受以下几个方面因素的影响：方向、力量、速度、路线和落点。

（1）方向：传球的方向一般是指接球队员的移动方向，只有传对了方向，才更有利于接球队员的接球。

（2）力量：传球的力量来自全身的协调用力，力量的大小应根据距离接球队员的远近决定，力量是速度的保证，根据比赛中的具体情况，在保证力量的同时还要考虑到接球队员的特点。

（3）速度：传球的速度是安全和及时的保证，速度不但包括球的运行速度，还包括球在手中的出手速度，速度越快，就越不容易被对方抢断。

（4）路线：传球路线是指传出的球运行的路线，有直线、折线和弧线之分。在人等球的情况下常采用直线传球，在球等人的情况下常采用弧线传球，在有防守的情况下需要穿过防守人时的传球常采用折线传球。

（5）落点：传出去的球的落点往往要根据接球队员的状态而定，接球队员原地不动时，落点应在远离防守人的一侧，或便于衔接下一个攻击动作的部位。在移动中，当传球人和接球人都动时（同向，人球都动），不考虑提前量，直接传到接球队员的胸前。当传球人不动而接球人动时（人动球不动），要根据其移动的速度适当考虑提前量。当传球人动而接球人不动时（球动人不动），传球的落点应考虑在接球队员身后面（滞后量）。

（三）运用传接球技术的要求

（1）要善于观察和判断，好的传球在接球前就已经开始了，要不断提高自己的传球意识，不要在接到球后或没有办法的时候再去寻找传球的目标。

（2）传球前，要注意隐蔽自己的传球意图，善于运用假动作迷惑对手，做到真假结合。

（3）传球时，要注意观察接球队员的状态，考虑传球的路线和落点，保证安全、准确地将球传到队友的手里。

（4）传出的球要便于同伴接球后连接下一个动作，达到球领人的效果。

（5）接球时，要考虑到防守人的位置，先保护好球，保证在不失误的情况下做下一个。

（6）在有防守人的情况下，要善于利用身体抢占接球位置和接球的空间。

（7）接球后要立即形成"三威胁"姿势，根据情况选择合理的进攻方法。

三、教学步骤与练习方法

（一）教学步骤

（1）传接球技术的教学，首先通过讲解与示范的方法使学生初步掌握原地传接球的动作方法，然后逐步过渡到行进间传接球的教学。

（2）在掌握原地和行进间动作方法的基础上，再进行与其他技术相结合的教学，最后再进行有防守对抗情况的练习，提高在实践中运用的能力。

（二）练习方法

1. 原地传球练习

（1）徒手模仿练习，体会动作要领和用力顺序。

（2）两人面对面原地传球，两人相距3～5米，用多种传接球方法进行练习。

练习要求：动作正确，速度由慢到快，距离由近到远，注意用不同方法练习传接球。

（3）三人成三角形站位传球。三人成三角形站位，每人相距 3～5 米，按练习要求分别进行各种传接球练习。熟练后，可采用多球练习。

练习要求：动作到位，手法正确，用眼的余光观察来球和传球方向。

（4）四人一组成正方形站位，两人交叉换位传球。

2. 移动传球练习

（1）两人一组左右移动传接球练习。

练习要求：传球及时，移动要快，球到人到。

（2）三人一组横向移动传接球。

练习要求：移动要快，传球要及时到位。

（3）迎面传接球练习。

练习要求：上步接球要连贯，不得违例。传接球手法正确。熟练后分成人数相等的两队进行比赛。

（4）四角传球。

练习要求：传球要快，侧身跑起动作快，主动伸手接球。

（5）固定传接球练习。

练习要求：传球及时、到位，传球后侧身跑准备接球。人数较多时，可分两队同时进行。

第三节　运　球

运球是持球运动员在原地或行进中用单手连续按拍由地面反弹起来的球的一种动作方法，是篮球比赛中个人进攻的重要技术。在篮球比赛中，运球作为个人进攻技术的运用，可以达到突破防守、调整进攻位置、扰乱对方防守、突破对方防线的目的。

运球技术是保证队员在控球时能任意调整自己在球场上位置的基本技术，是突破技术的基础，是实现全队战术配合多样性的保证。篮球运动的不断发展，也促进着运球技术的发展。由于攻击性防守的出现，运球队员为了更好地控制球、支配球，对付攻击性较强的防守，很多运动员一改过去小臂发力，以肘关节为轴正对防守的运球方式，多采用以肩为轴，上臂发力，小臂迎送球，幅度加大，手贴球时间延长的侧身运球方式，来更好地保护球，以便和其他技术动作有效地衔接。

但是盲目运球、滥用运球，或选择运球时机不当，则会贻误战机，影响进攻节奏，导致战略战术上的被动。不断地进行练习，能促进学生熟知球性，增强对球的控制力、支配力。

一、运球技术简析

（一）身体姿势

两脚前后开立与肩同宽，两腿弯曲（屈膝程度视运球高低而定，低运球，腿深屈；高运球，腿稍屈），身体稍前倾，重心在两脚之间（略偏前脚），运球时，运球手臂自然弯曲，以肩、肘为轴随球上下摆动，另一臂自然屈肘抬起，抬头目视前方。

（二）手的动作

运球主要靠手指、手腕对球进行控制与支配。运球时，五指自然张开，掌心空出，用手指和指根以上部位控制球，以肩为轴，上臂带动小臂，最后作用于手腕，手指用力向下按拍球，并随球有迎送球动作。球从地面弹起时，手要由下向上引球，自然屈伸小臂，以缓冲球的反弹力量。

按拍球的部位是由运球的方向、速度等因素决定的。按拍的部位不同，球反弹的角度也不同。按拍球的力量不同，球反弹的高度和速度也不同。原地运球时，按拍球的正上方；向前运球时，按拍球的正后上方；变向运球时，按拍球的左侧或右侧上方，使球向右侧或左侧上方弹起。

（三）手脚的协调配合

运球时，脚步动作和手腕、手臂动作是否保持协调一致，关键在于按拍球的部位、脚步动作、球的落点和力量大小的正确运用。因此，在运球过程中，要想熟练控制球的落点、方向和力量，必须要保持好身体重心的平衡与稳定，控制好身体重心变化，保持运球手臂和脚步动作的协调配合。

二、运球技术动作方法

（一）高运球

高运球是在无防守干扰的情况下，因整体战术需要，为加快向前推进速度所采用的一种运球方法。其特点是：运球队员身体重心较高，按拍球力量大，球反弹高度在胸腹之间，运球速度快，便于观察场上情况。

动作方法：运球时，两腿微屈，目平视，上体稍前倾。以肘关节为轴，用手按拍球的正后方向前推进（若为原地高运球，应按拍球的正上方），球的落点在身体的侧前方，高度在胸腹之间，一般拍一次球跑两步。快速运球进行时，手触球的部位要向后移，用力要稍加大，球的落点离脚要远些。

动作要领：按拍球部位要正确，手脚协调配合。

（二）低运球

用低运球技术运球时，球反弹的高度要在膝关节以下。常在遇到有对手紧逼或接近防守队员时采用这种运球方法，用以摆脱防守队员的抢截。

动作方法：两腿弯曲，降重心，上体前倾，用异侧臂、身体和腿来保护球，用手腕和手指力量，短促地按拍球，以便更好地控制球，摆脱防守，继续前进。

动作要领：迅速屈膝，降重心，手按拍球短促有力，手脚协调配合。

（三）变速运球

变速运球是在运球过程中通过速度的变化来摆脱防守的一种运球方法。

动作方法：高速运球减速时，通过手腕手指对球的作用，将球的落点控制在身体的一侧，并转入低运球，急停时要伴随跨步急停动作，用臂、腿和身体来保护球。运球急起或加速时，后脚用力蹬地，重心迅速前移，利用手腕手指对球的控制，将球的落点控制在身体的前方，同时加快运球的频率，两腿迅速蹬跨超越防守。

动作要领：将球控制住，急停要稳，控制好重心，起动蹬地有力，加速要快。

（四）运球急停急起

运球急停急起是运球队员利用速度的突然变化来摆脱防守的一种运球方法。多用于对手防守较紧的情况下，在快速运球中突然停止，迫使防守队员被动减速停住而重心不稳时，再突然起动加速运球，摆脱防守。

动作方法：运球急停时，使身体重心下降，用手快速按拍球的正上方，同时两脚做跨步急停，并转入低运球，用臂、腿和身体来保护球；运球急起时，后脚用力蹬地，重心迅速前移，按拍球的后上方，加速运球，超越防守队员。

动作要领：按拍球部位正确，急停要稳，控制好重心，起动蹬地有力，加速要快，人和球速一致，上体前倾和脚的蹬地协调配合。

（五）背后运球

背后运球，当防守者堵截运球一侧，且距离较近，无法采用体前变向运球时，可采用从背后突然改变运球方向，突破防守的运球方法。

动作方法：以右手运球为例，当球运至防守者左侧时，右脚在前，右手将球拉到身体右侧后，迅速转腕按拍球的右后方。在左脚上步的同时，将球从身后拍至左侧前方，换左手加速运球超越对手。

动作关键：按拍球迅速，将球控制在侧后方。变向时，腕指控制球的部位正确，左脚上步及时。

（六）胯下运球

指持球队员通过胯下把球从身体一侧按拍至另一侧的运球方法。

动作方法：当右手运球时，左脚在前，右脚在后，开立（略比肩宽）。膝微屈。用右手按拍球的外侧上方，使之从胯下穿过，右脚向左前方上步，右肩前压、重心前移，左手迎球继续运球。胯下运球包括由前向后和由后向前两种方法。主要用于运球队员改变运球方向以突破迎面贴近堵截抢球的防守队员。

三、教学步骤与练习方法

（一）教学步骤

（1）向学生讲清运球的目的和作用，以及运用的时机、动作方法、动作要领和关键环节，指导其掌握正确的运球技术。

（2）教学步骤应遵循循序渐进、由易到难、合理安排的教学顺序。

（二）练习方法

1. 原地运球练习

动作方法：学生每人一球，成体操队形，进行各种练习。

动作要领：体会手指、手腕、上臂、前臂用力和按拍球的手形，以及各种前退、后拉、左右变向时按拍球的部位和用力，提高控制球、支配球的能力。

（1）原地高运球练习。

动作方法：同上。

动作要领：站立姿势和运球手法要正确，重点体会主动迎球、随球上引的动作。

（2）原地高运球练习。

动作方法：同上。

动作要领：两膝弯曲降低重心，运球高度在膝部以下，快速按拍球。

（3）体前侧（拉）、后（推）运练习。

动作方法：同上。

动作要领：按拍球的部位正确，力量适中，落点好，重心下降，控制好球。

（4）听哨音或看手势变换运球的高度和速度。

2. 行进间运球练习

每人一球绕篮球场进行高、低运球，体会触球部位和手脚协调配合，熟练后可过渡到各种运球。

练习要求：控制好球的落点，掌握好用力大小，手脚协调配合。

（1）直线运球。每组站位第一人持球，听哨音或看手势后，迅速运球至端线，返回时，换另一手运球，交下一队员轮流进行。

练习要领：运球逐渐加速，掌握好用力点大小，手脚协调配合，控制好落点。

（2）运球急停急起练习。

练习方法：根据教师口令、手势、信号或地面的标志，做运球急停急起或变速运球。成体操队形，两队同时做或横排集体做。

练习要领：急停稳，起动快，变速时注意掌握好节奏、高低，控制好落点。

（3）运球转身或背后运球。

练习方法：运球至障碍物时，做后转身运球一次或背后运球一次，再换手继续向另一边障碍物运球。

练习要领：按各技术动作要求，降低重心，转身快，触球部位准，落点适中，换手后，加速明显。

3. 运球技术综合练习

（1）干扰运球。掌握各种运球技术动作后，让学生在有干扰的情况下练习。干扰运球时，要保护好球。

（2）一人运球，一人防守。

（3）全场运球练习。

（4）三人一组。按"八"字形路线运球。

（5）全场运球上篮。

第四节　持球突破

一、持球突破技术简析

持球突破技术主要是由蹬跨、转体侧身探肩、推放球和加速四个环节组成。

（一）蹬跨

队员在突破前，两脚左右开立稍宽于肩，屈膝降低身体重心，重心落在两脚之间，两脚跟稍提起。双手持球于胸腹之间，还要注意保护球。突破时，用虚晃或瞄篮等假动作吸引对手，用移动脚前脚掌内侧蹬地的同时，中枢脚用力碾地，上体前倾并转体，重心前移，以带动移动脚迅速向突破方向跨出。跨出的第一步要稍大，以缩小后蹬腿与地面所成的角度，增加后蹬力量，抢占有利的超越位置，但以不影响前进速度为度。第一步落地后，膝关节要保持弯曲，脚尖指向突破方向，以便于第二步的蹬地加速。

（二）转体侧身探肩

在蹬地跨步、上体前移的同时，要转体探肩，使身体重心继续前移，加快突破速度，同时迅速占据空间有利位置，便于突破对手和保护球。

（三）推放球

突破前，双手持球于腰胯部位，在转体侧身探肩的同时将球稍向侧移，同侧手扶球的后上部位，另侧手托球的下部。突破时突然起动蹬地产生初速度，超越时立即向前下方推放球，要做到以球领人，便于衔接下一个动作。

（四）加速

在完成上述动作后，已获得起动的初速度，这时中枢脚要快速、有力地蹬地，加速超越对手。

蹬跨、转体侧身探肩、推放球和中枢脚蹬地等环节紧密衔接，互相影响，快速连贯地完成突破。加速是前三个环节的继续，只有熟练掌握这几个环节，才能较好地掌握持球突破技术动作。

二、持球突破技术动作方法

1. 原地持球交叉步突破

原地持球交叉步突破是突破技术的基础，通常在防守队员靠近时采用。特点在于跨步后与防守队员接触面小，便于跨步、抢位护球。

动作方法：以右脚做中枢脚从防守队员左侧突破为例，突破时，左脚向左侧前方迈出一小步，把防守队员引向自己左侧的同时，用左脚前掌内侧快速蹬地，向右侧前方跨出一大步，上体稍右转，左肩向前下压，重心向右前方移动，将球推引至右侧，用右手推按球于左脚右侧前方，接着右脚蹬地，加速超越对手。

动作要领：蹬跨大而有力，转体探肩迅速。

2. 原地持球同侧步突破

原地持球同侧步突破也称顺步突破，特点是突破方向与跨步方向相同，起跨突然迅速。运用时，对中枢脚移动和防球、加速运球之间的协调配合要求较高，配合不好，易造成走步违例。

动作方法：以左脚做中枢脚从防守队员左侧突破为例，突破时，上体积极前倾的同时，右脚迅速向右前方跨一大步，同时上体右转，左肩积极下压。左脚内侧用力蹬地，在左脚离地前，用右手推按球于右脚外侧前方，然后左脚迅速跨步抢位，加速运球超越对手。

动作要领：起动要突然，跨步、运球要快速连贯，重心控制稳，中枢脚离地前，球要离手。

三、教学步骤与练习方法

（一）教学步骤

（1）教学的一般步骤应先教原地交叉步突破和同侧步突破，它们是教学训练的重点。

（2）教学步骤和方法应遵循由易到难、由简到繁的原则。先学单个技术动作，再学组合技术动作，最后在消极防守和积极防守中学会运用。在练习中应学会两脚都能做中枢脚，防止带球走违例。

（二）练习方法

1. 原地各种步法的徒手练习

动作方法：跟着教师的信号做各种跨步练习。开始做交叉步，然后再做同侧步跨步练习。

动作要领：蹬地有力，摆动脚跨出成弓步，然后快速收回。

2. 各种位置上的一对一练习

动作方法：在前锋、后卫和中锋位置上的一对一突破练习。

动作要领：

（1）进攻者从摆脱接球开始，接球后根据防守者的情况实施突破。

（2）投篮后双方积极拼抢篮板球。

3．半场三对三的练习

练习方法：规定进攻队员不允许做掩护，只能用突破分球，防守队员只能人盯人防守，不允许交换防守，看哪个队先得10分。

练习要求：

（1）时机掌握好，突破和传球衔接好，运用合理。

（2）投篮后积极拼抢篮板球。

第五节　投　篮

投篮是在篮球比赛中，进攻队员将球投入对方球篮而采用的各种专门动作方法的总称。篮球比赛的胜负是由得分多少所决定的，在对抗激烈的篮球比赛中，投篮技术是篮球运动不断发展的核心内容。因此，要更加重视投篮技术的教学与训练。

一、投篮技术简析

投篮技术包括持球手法、瞄准点、协调用力、出手角度、球的旋转、投篮弧线和入篮等几个环节。

（一）持球手法

1．单手持球法

以单手投篮的持球法为例：手腕后仰，掌心向上，五指自然分开，用指根以上部位触球，空出手心，肘关节自然下垂，另一手扶球的侧上部，举球于同侧头或肩的前上方。从解剖学的角度分析，持球时应适当增大手腕后仰角度，即持球或球出手引腕后仰时，手腕后仰角度越大，屈腕主动肌牵拉越长，那么完成出手用力的条件越好，这有助于出球时均匀发力和保持球出手后的飞行弧线的平稳。

2. 双手持球法

以双手投篮为例：两手手指自然分开，两拇指相对成"八"字形，用指根以上部位握球的两侧后下方，手心空出。两臂自然屈肘下垂，肩关节放松，置球于胸前。

（二）瞄篮点

瞄篮点是指运动员投篮时眼睛注视篮圈或篮板的那一点。正确的瞄篮点能使运动员在瞬间目测出篮圈的精确方位和距离，从而决定投篮的出手力量、飞行弧线和落点。投空心篮的瞄篮点一般为篮圈前沿最近的一点；碰板投篮的瞄篮点在篮板的正面，根据投篮角度、距离、力量和飞行弧线的不同而有所区别，运动员要相机而动，因势变化，善于根据情况随时调节碰板投篮的瞄篮点和出手力量。

二、投篮技术动作方法

（一）原地单手投篮

1. 原地单手肩上投篮

原地单手投篮是篮球运动中最基本的单手投篮方法，是行进间投篮和跳起单手肩上投篮的基础，它以出手高、便于结合其他动作、不易被封盖等优点，在比赛中被广泛使用。

动作方法：以右手投篮为例双脚原地开立，与肩同宽，右脚稍前，身体重心落在两脚中间、屈肘，手腕后仰，掌心向上，五指自然张开，持球于右眼前上方，左手扶球侧，两膝微屈，上体放松并稍后倾，双眼正视篮筐点。投篮时下肢蹬伸，同时顺势伸腰展腹，抬肘上伸前臂，手腕前屈带动手指弹拨球，最后通过食指、中指柔和用力将球投出，球离手后，右臂应有自然跟进动作。

动作要领：上下肢协调用力，蹬伸、展腰、屈腕、手指柔和地拨球。

2. 原地双手胸前投篮

原地双手胸前投篮是篮球运动中较早的投篮方法之一，其优点是便于和传球、持球突破等技术结合，能充分发挥全身的力量，适用于中、远距离，一般女子运用这种投篮技术较多。

动作方法：双手持球于胸前，两脚前后或左右开立，两脚微屈，重心落在两脚中间，两肘关节自然下垂，上体稍前倾，目视瞄篮点。投篮时，两脚蹬地同时腰腹伸展，两臂迅速向上伸出，手腕前屈，通过食指、中指指端将球投出。球出手后身体随投篮出手方向伸展。

动作要领：自然屈肘，投篮时下肢先蹬地，手指拨球，上下肢和左右手用力要协调一致。

（二）行进间投篮

1. 行进间单手肩上投篮

行进间单手肩上投篮是比赛中广泛应用的一种投篮方法。一般多在快攻或切入篮下时运用，也被称为跑动中投篮。其优点是出手点高，易用身体保护好球。

动作方法：以右手投篮为例，跑动中右脚向来球方向跨出一大步，同时接球，左脚迅速跟上跨出一小步，全脚掌着地迅速过渡到前脚掌起跳，右腿屈膝上抬，同时举球至右肩上，腾空后当身体接近最高点时，右臂向前上方伸出，手腕前翻，食指、中指拨球，通过指端将球投出。投篮出手后，两脚同时落地，两腿弯曲，以缓冲落地的力量。

动作要领：注视瞄篮点，快速突然蹬地上跳，举球伸臂。

2. 行进间单手低手投篮

行进间单手低手投篮是在快速跑动中超越对手后或在空中探身超越对手投篮的一种方法。具有速度快、伸展距离远的优点。

动作方法：以右手投篮为例，右脚跨步接球，左脚接着跨出一小步并用力蹬地起跳，右腿屈膝上抬，双手向前上方举球。当身体接近最高点时，左手离球，右手掌心向上托球，并充分向球篮的方向伸直，接着屈腕，食、中指拨球，最后通过指端柔和地将球投出。

动作要领：腾空时身体向前上方充分伸展，用手腕和手指上挑将球投出。

（三）跳起投篮

跳起投篮简称跳投，其出手动作与原地单手投篮基本相同，只是在动作结构上增加了起跳部分，投篮动作要在空中完成，它具有突然性强、出手点高、难以防守的特点。跳投和其他技术的巧妙组合，在原地和移动中均可运用。

动作方法：以右手投篮为例，双手持球于胸腹之间，两脚左右（或前后）开立，两膝微屈，身体重心落在两脚之间，上体放松，眼睛注视篮圈。起跳时，屈膝降重心，接着脚掌蹬地发力，提腹伸腰，向上迅速摆臂举球并起跳，双手举球于肩上或头上，左手扶球左侧。当身体升至最高点或接近最高点时，左手离球，右臂向前上方伸直，同时用突发性力量屈腕、压指，使球通过指端投出。球离手后，身体自然落地，屈膝缓冲，准备冲抢篮板球或回防。

动作要领：蹬地起跳要快速突然，当身体接近最高点时出手。

（四）扣篮

扣篮是直接将球由上向下灌入篮内的一种投篮方法。它是投篮技术发展的又一重要标志，由于它的投篮出手点接近球篮又高于球篮，有最佳的入射角，所以无需考虑抛物线这一因素。

1. 行进间单脚起跳单手扣篮

动作方法：以右手为例，行进间右脚跨出的同时接球，紧接着左脚迈出一小步并用力蹬地向上跳起，上体充分伸展，高举手臂将球举至最高点，超过篮圈的高度并有适宜的入射角时，用屈腕的动作，将球自上而下地扣入篮圈之中。球离手后特别要注意对身体的控制和落地屈膝缓冲。

2. 双脚起跳双手扣篮

动作方法：双手持球双脚用力蹬地向上跳起，同时将球上举，充分伸展身体，将球举过头顶至最高点并与篮圈构成最佳入射角时，双臂用力前屈，用屈腕的动作，将球扣入篮内，球离手后注意控制身体和落地屈膝缓冲。

（五）补篮

补篮是指投篮未中，球刚从篮圈后篮板弹出时，在空中运用单手或双手将球托人或拨入篮圈的投篮，是一种无明显持球动作的直接用力投篮的方法。补篮时，队员应根据腾空后，人、球、篮的相对位置、高度、角度以及防守情况，灵活地选择补篮的方法。

1. 单手补篮

动作方法：以右手为例，当球从篮圈或篮板反弹时，要准确地判断球的反弹方向，及时起跳，手臂向球的方向伸出，当跳至最高点、手臂接触球的一刹那，在空中用手指手腕的力量将球投入篮圈。

2. 双手补篮

动作方法：起跳后，球反弹方向在头的正上方时多采用双手补篮。用双手触球后可利用扣篮或拨球的方式将球投入篮圈，其他动作与单手补篮基本相同。

三、教学步骤与练习方法

（一）教学步骤

（1）投篮技术的教学，首先应先教原地投篮，接着教行进间单手肩上投篮、单手低手投篮，再教原地跳起投篮。

（2）通过讲解、示范使学生建立完整正确的投篮技术概念，掌握正确、规范的投篮手法以形成技术动作定型。在掌握了基本手法和步法的基础上逐渐增加练习的次数、难度、距离、密度等，并在攻守对抗条件下提高投篮的命中率。

（二）练习方法

1. 原地投篮练习

（1）徒手模仿练习。两人一组相互对投，体会篮球手法和用力动作。

练习要求：注意持球手法，下肢先发力，体会蹬、伸、拉（手指拨球）的动作。

（2）正面定位投篮练习。队员每人一球在罚球线上排成单行，自投自抢，依次反复。

（3）不同距离、角度的投篮。队员面对球篮，每人一球，离篮5～7米站成一个弧形。每人依次在同一角度，三个不同距离的位置进行投篮，投完后，按顺时针轮转到下一个角度的位置。队员轮流投进后，按顺时针方向移动。

练习要求：根据不同距离体会用力大小。

2. 行进间投篮练习

队员运球与球篮成45°角自三分线外启动行进间投篮，抢篮板后将球传给下一名队员，然后跑至排尾，依次轮流练习数遍。

此练习也可在篮下站一人，外围队员依次跑进接篮下队员传给的球上篮。练习要求：注意低（高）手投篮的动作方法，步法要正确。

3. 行进间传接球投篮

队员两人一组一球，全场传接球投篮。

练习要求：跑动中传接球动作要协调；传球推进要有一定的速度，上篮步法要正确、熟练。

4. 移动投篮练习

两点移动投篮。两人一组一球，一人传球，一人投篮。规定连投 10～20 次，或达到规定的投中次数，两人交换练习。可根据队员主要进攻位置确定投篮点。

练习要求：移动迅速，接球同时做好投篮准备，投篮时不要再调整。

5. 跳起投篮练习

原地跳起投篮。队员在罚球线两侧站成两路纵队，每人一球，依次投篮，投篮后自抢篮板球站到另一队的排尾。

练习要求：持球下蹲、举球和起跳动作协调连贯，控制好身体重心，在接近最高点时出手。

第六节　抢篮板球

篮球比赛中，队员争抢投篮未中从篮板或篮圈反弹回的球，统称为抢篮板球。

一、抢篮板球技术简析

抢进攻篮板球和抢防守篮板球都是由抢占位置、起跳动作、空中抢球动作和获得球后的动作组成。

（一）判断与抢占位置

准确判断投篮后球的反弹方向、距离、落点是抢篮板的首要条件。抢占有利位置是抢篮板球技术的关键，它对能否抢到篮板球起着极其重要的作用。无论进攻队员还是防守队员，都应设法抢占对手与球篮之间的有利位置，

力争把对手挡在身后。抢占位置时，应根据对手和投篮队员所处的位置，正确判断篮板球的反弹方向、距离，运用快速的脚步移动，配合身体动作抢占有利位置。抢占有利位置一定要考虑球的反弹规律，一般投篮距离与球反弹距离成正比。投篮距离远则反弹距离远；反之，投篮距离近则反弹距离近。此外，投篮出手弧度与反弹距离也有关，弧线高则反弹近。另外，投篮角度不同，球的反弹方向也不同。掌握这些规律有利于队员的准确判断。在准确判断的基础上，应力争抢占对手与球篮间的有利位置，力争把对手挡在身后。

（二）起跳动作

起跳动作是获得高度的关键。抢占到有利位置时，身体应保持正确的起跳准备姿势，起跳前屈膝降低重心，利用身体尽量扩大占位面积，准确判断球的反弹方向和落点，及时起跳，控制空间，力争在最高点早于对手抢到球。起跳分为单脚起跳和双脚起跳，一般情况下，单脚或双脚起跳的选择根据球落的方向和个人的习惯而定。为了能更好地控制篮板球，应学会结合各种滑步、上步、撤步、跨步以及转身等步法来调整起跳技术动作。双脚起跳时，身体应保持正确的起跳姿势，即两膝微屈，重心降低，上体稍前倾，两臂屈肘举于体侧，身体重心置于两脚之间，注意观察和判断球的反弹方向与落点，及时起跳。起跳时两腿用力蹬地，提腰，两臂上摆，同时手臂向上伸展，腰腹协调用力，充分伸展身体，并控制好身体平衡。单脚起跳应是在判断球的落点后，向球的落点迈出，用力做单脚跳起，手伸向球的方向。

（三）空中抢球动作

根据运动员触球的方式，抢篮板球动作可分为双手抢篮板球、单手抢篮板球以及点拨球动作三种。

1. 双手抢篮板球

双手抢篮板球的触及球高点不及单手，但控制球比较牢固，便于保护球和结合其他动作，尤其是抢防守篮板球时，运用双手抢球更有利。跳起腾空后，腰腹肌用力控制身体平衡，身体充分伸展，两臂用力伸向球的方向，以提高制高点和扩大占据空间；当身体和手达到最高点时，双手指端触球的一刹那用力握球，腰腹用力，迅速屈臂将球拉至胸腹部位，同时双肘外展，保护好球。

2. 单手抢篮板球

单手抢篮板球的优点是触球点高，抢球空间大，抢球速度快，灵活性好；缺点是不如双手握球牢固。起跳后身体在空中充分伸展，达到最高点时，用近球侧手臂尽量向球伸展，指端触球迅速屈指、屈腕、屈肘、收臂，将球拉下，另一手尽快扶握置球于胸腹部位，同时双腿弯曲，保持身体平衡，以便结合其他技术动作。单手抢篮板球时，触球及收臂拉球要连续，速度快而有力，注意保护好球。

3. 点拨球

点拨球与单手抢篮板球相似，是高大队员或身体距球较远不易获得球时，运用单手或双手手指点拨或弹击球的方法将球点、弹给同伴或便于自己截获球的位置。其优点是触球点高，缩短了传球时间，有利于发动快攻；缺点是准确性较差。点拨球在接触球的一瞬间，用指端点拨球的侧方或侧下方。在点拨球时，应力争做到落点准确、拨球力量适中，便于同伴接球及自己跳起抢球。

（四）获得球后的动作

当进攻队抢到篮板球后，应将球紧紧握牢，两脚分开，前脚掌先着地，保持身体平衡，两肘外展，保护好球。若遇防守时，则将球置于防守人远侧，并利用肩背或转身跨步，不断移动球的位置，防止对方将球打掉。补篮或继续投篮，如果没有投篮机会，应迅速将球传给同伴，重新组织进攻。

二、抢篮板球技术动作方法

为了使抢篮板球技术动作方法的教与学更加合理，以下分为抢进攻篮板球和抢防守篮板球两个方面加以叙述。

（一）抢进攻篮球板

主动拼抢进攻篮板球，是进攻中不可忽视的动作，更是争夺控球权最主要手段。通过积极抢进攻篮板球使得本队的进攻次数大幅度增加，补篮的概率也得到了有效提升，同时它起到了鼓舞士气，增强己方队员自信心的作用。

与此同时，拼抢进攻篮板球对于对方的防守队员也有着一定杀伤力，具有非常重要的作用。

抢进攻篮板球时需要进攻队员与防守队员的密切配合，通常情况下，防守队员站在篮圈内侧，进攻队员站在防守队员的外侧，通过快速的移动来摆脱对手。因此，抢进攻篮板球时要强调"突"字，充分展示队员的爆发力。因此，当本方队员投篮时，其他队员要时刻关注球的运动情况，要对球反弹落点作出适时判断，同时还要快速移动脚步，配合身体动作，摆脱对手，在最短时间内冲抢篮板球，条件允许时，可再次补篮。抢进攻篮板球的顺利实施需要满足以下条件：首先，不管是进攻队员还是防守队员都要有着强烈的拼抢意识；其次，队员之间要合作默契，结合赛场上的情况，灵活运用假动作，使摆脱动作突然且有效果，最好具有攻击性，给对方防守队员以震慑。有关资料显示，集体拼抢是获得进攻篮板球的有效途径，因此要充分发挥集体的智慧和力量。

动作方法：处于篮下或内线队员抢进攻篮板球，当同伴或自己投篮时，靠近篮下的队员要及时判断球反弹的方向，同时以假动作绕跨挤到对方的身前，利用跨步或助跑起跳，跳到最高点进行补篮或直接获取篮板球。

处于外线位置队员抢篮板球，当同伴投篮时，进攻队员面向球篮，则要先观察判断球的反弹方向、速度和落点，突然起动冲向球反弹方向进行补篮或抢获篮板球。

动作要领：准确判断和抢占有利位置，及时起跳。

（二）抢防守篮板球

抢防守篮板球在防守中起着举足轻重的作用，是夺回球权的重要途径。篮球队伍要想争取比赛中的主动权，就必须灵活地运用抢防守篮板球技术，实现己方队伍的转守为攻。比赛过程中，当对方投篮不中时，己方队伍如果能够成功地控制防守篮板球，就必然掌握了比赛的主动权，为己方对位争取到了更多的时间和机会。防守队员内心必然有这样一个意识：如果对手抢到篮板球就会将球再次传给进攻队员，有可能会得分，从而给本方构成极大威胁，因此，必然要增强防守队员的抢篮板球意识，充分发挥他们的靠近篮圈的有利位置，引导他们养成先挡人后抢球的习惯。

内线队员在抢防守篮板球中发挥着重要作用，通常采用后转身挡人的方式，并时刻保持最有利的起跳姿势。挡人的目的是延误对手抢位起跳，所以转身的挡人动作完成后，应迅速起跳抢篮板球。同时，外线队员也可采用前、后转身，滑步等动作堵挡对手冲抢篮板球。

动作要领：防守队员首先要准确判断球的方向和落点，运用转身和移动动作，合理地先挡后抢。

三、教学步骤与练习方法

（1）首先教师要通过多种教学方法使学生深刻意识到在篮球场上抢篮板球的重要意义，注重培养学生的篮球意识，引导学生向优秀篮球运动员学习养成积极拼抢的意识。

（2）教师要向学生示范正确的抢篮板技术动作，使学生掌握技术要领，并要求他们模仿，当学生的模仿动作不到位时，教师要及时地纠正。在教学过程中要遵循循序渐进的原则，首先，让学生练习原地起跳抢球，通过量的练习使学生对技术要领有进一步的领悟；其次，组织移动、抢位、挡人的动作练习；再次，将以上两种动作组合起来，练习起跳抢篮板的完整技术；最后，开展分组练习，要求学生在对抗情况下进行抢球练习。

1. 徒手模仿练习

练习方法：学生成两列横队站立，教师向学生下达指令，要求学生做相应的练习，如当教师发出原地双脚起跳的口令后，所有学生都要进行原地双脚起跳的练习；当教师发出单手抢篮板球的指令后，所有学生要进行单手抢篮板球的练习。

动作要领：起跳有力，抢球动作迅速，获球后落地稳。

2. 前后转身的抢位练习

动作方法：两人一组，面对面站立。练习开始时，进攻队员和防守队员相距1米，做前转身挡人抢位练习。1分钟后，改为贴身防守，做后转身挡人抢位练习。再做1分钟攻、守交换练习。

动作要领：进攻队员开始先原地站立，再移动。

防守队员要及时转身挡住进攻者，眼睛应立即转向篮球。

第七节　防守技术

防守技术指的是，为了阻止和破坏对手的进攻，合理地利用自己的脚步移动和手臂动作，主动占据有利的位置，从而实现对球权的争夺而采取的各种特殊动作方法的总称。现代篮球运动注重进攻和防守的均衡，而进攻和防守的均衡是高层次运动员取得比赛胜利的重要条件。这就对篮球运动员的防守在心理素质、身体素质和技术水平上都有较高的要求。

防守技术是一项综合的篮球技术动作，是由脚步动作、手臂动作结合对手和球、篮的位置、距离等因素所构成的。脚步动作是防守时采用的移动步法，是个人防守技术的基础。防守球员要主动占据有利的地位，扰乱并阻止对手的进攻，争取控球，并试图打破对方的战术配合，并限制对方的进攻节奏。为此，要加强对个体防守技术的教育，使球队在防守与攻击两方面都能得到更好的发展。

一、防守技术简析

防守技术是由脚步动作、手臂动作结合对手与球、篮的位置、距离等因素构成的。防守队员利用步伐动作，占据有利的位置，再加上手臂动作的配合，来干扰对方传、接球、封盖投篮和抢、打、断球，最大限度地破坏对方进攻，以达到争夺球权的目的。

（一）防守无球队员

所谓"防守无球"，就是在进攻球员没有球的情况下，防守球员通过运用各种运动和手部的有效结合，来最大程度地阻止对手的动作。在现代篮球比赛中，无球进攻球员的动作变得愈加迅速，并且具有攻击性，他们都想要走到自己的有效投篮点或攻击区域内去接球，或者试图与防守者形成一个位置差和时间差去接球，在接到球之后，可以进行有效的进攻，这就需要更多的人来进行防守。防守无球队员是一个持续不断的移动和争夺球的过程。所以，在这个过程中，他必须要拥有多种防守移动步法，并可以按照自己的需要，将它们巧妙地、合理地结合在一起，并将之应用到实际当中。在运动中，运动员必须把重心放得很低，这样才能在运动中不断地加快速度，并在运动中不断地调整自己的步伐。

1. 防守位置

在防守中，站位是很关键的。对有利位置的准确、合理选择，是掌握主动权的关键。在人盯人防守中，防守球员要随着对手的站位而不断地调整自己的防守站位和间距，始终保持在自己的视线范围之内，密切注意足球的动向和对手的动向，防止敌人突破自己的防线，闯入有威胁的区域，或者接球进攻。

防守的距离取决于对方球员和球员之间的距离。按照球在场地中的地位，可以把场地划分为强区和弱区。靠近球体的那一边是强者，而距离球体较远的那一边是弱者。

2. 防守姿势

在防守无球对手时，防接球是最重要的工作，必须在对手接球之前就开始防守，要具有预测性，并积极采取措施，去限制或减少对手接球，尤其是在有效攻击区内接球。哪怕是在防守中，也要主动地去防守，去拦截，去干扰对方的传球，让对方无法第一时间进攻，从而让自己有更多的时间去调整自己的位置。要时刻注意敌人和球在自己的视野内，要人球兼顾，要有一个良好的防守姿态，要屈膝，放低重心，准备应急起动，尤其要注重起动与移动步法的衔接和平衡的控制。要将自己置于攻防动态中的有利地位上，并将同侧手臂伸到传到自己对手的来球路径上，将另一臂伸到对方可能切入的方向，在通常的情形下，要构成"球—我—他"的钝角三角，不可掉以轻心。

3. 防切入

防守切球是指防守球员试图切球或已经脱离切球时的动作。防切入最大的忌讳就是看球不看人，要始终坚持人球兼顾、防人为主的原则，如果对手有了动作，就必须采用平步堵截、凶狠顶挤、抢前等防守方式，让他不能及时起动或减速。

（二）防守持球队员

防守有球队员指的是在进攻队员处于拿到球状态的时候，防守队员对其传球、运球、投篮等攻击动作，使用防守系列组合技术进行应变性的干扰、破坏、争夺的动作行为过程，它是防守对手无球状态的延续，在这一动态过程中，一定要在对手接球的时候，快速地调整自己的位置和距离，让球到人到，以对手在赛场上的位置为依据，采取平步防守或斜步防守的姿态，主动展开有攻击性的干扰、破坏。此时要小心的是，不能被对方的假动作所欺骗，要及时地了解到对手进攻的特点、习惯和意图，有重点地进行有针对性的防御，逼迫其改变动作、方向和速度。如果对方已经发动进攻，就要主动拦截、干扰。

1. 防守位置

当进攻队员接球的一瞬间，防守队员应及时站在对手与球篮之间，保持适当的防守距离，并用正确的防守姿势，积极移动，阻截和干扰进攻。有时防守的位置要根据所防对手的特点和本队战术的需要做适当调整，以能控制对手为原则。

2. 基本步法

防守持球队员的步法，要根据进攻队员在场上的位置、距离球篮的远近、持球队员的特点等选用。一般采用的步法有平步和斜步两种。不管采用何种步法，都要以灵活的脚步动作作为基础，抢占有利的防守位置，争取防守的主动权。

（1）平步步法。两脚平行开立。其优点是：防守面积大，便于左右移动，对防守对方突破比较有利。

（2）斜步步法。两脚前后开立，以便前后移动，对防投篮较为有利。

二、防守技术的动作方法

（一）防传球

持球队员离球篮较远时，它的传接方式是把球送到前场，并把球传给后场。防守时，要注意防止对方容易将球传到有进攻危险的篮下。在进攻队员接到球之后，防守队员要先准确地选择好自己的位置，并且要与对方保持合适的距离，并且要将自己的身体重心调整好，眼睛要始终不离开球，并以对方的位置、动作和视线为依据，来对对方的传球意图进行判断，最后还要挥动双臂，进行干扰和封堵，尤其要提防对方的渗透式传球，并尽量逼迫他们走出禁区，做出一些转移式的传球。若对方球员带球形成"死球"，则应迅速接近，切断对方的传球和离场路径。在对方将球传出去之后，一定要盯着对方的位置，以免被对方甩开。防守队员要精神集中，随球动而采取打、封、阻动作。打球时以肘关节为轴，前臂上下、左右迅速屈伸。必要时配合脚的动作，用抢、打、断球破坏其传球。

（二）防投篮

防守投篮最基本的目标就是阻止对手得分。通常情况下，采用斜步的防守方式，接近对方，然后举起手臂，进行挥舞，扰乱对方的投篮意图，让对方做出变化。与此同时，还会将另外一只手臂伸到侧面，阻止对方的突破和传球。要精确地分辨出对方是否真的要投篮，要分辨出对方的真假动作，要在第一时间起跳并伸出手臂进行干扰，要封堵其出手角度，还要改变投篮的飞行弧线，从而降低对方的投篮命中率。

（三）防运球

防运球的重点在于减缓对方的运球速度，改变对方的运球方向，防止对方带球到篮下，防止对方带球突破。通常，防守球员在跑动过程中，应主动向前追击，并在跑动过程中，将重心放低，侧身或正面接球，以维持身体的平衡。不能使用交叉步，要使用撤步和滑步，要在运球者前方半步到一步的距离进行拦截，逼迫其向边线、场角或两队球员较为密集的地方带球。尤其是在新的规则中，对于后卫从前场撤到后场的技术要求很高的情况下，更是要格外重视。在此期间，千万别冒冒失失地跑出去，否则就会造成身体失衡，甚至是犯规。如果进攻者使用变速、变向、急起急停等手段，当他改变动作的时候，要及时地向前、向后移动，抢占有利的位置，并保持好身体的平衡，合理而快速地改变脚步，持续进行阻截。防守运球时，要注意两点：一是要挡住运球能力强的球员，逼他们传球，化被动为主动；二是避免对方在中路运球，尽量让他在边线运球，限制他的速度，并阻止他的运球。

（四）防突破

防突破的位置和距离的选择，应根据对手离球篮的远近和对手的特点而定。对手距离球篮远，又善于突破时，防守球员在进攻时，要注意抓住持球者和篮球的接触点，并采取适当的防守姿态。

（五）抢球、打球、断球

在防守中，抢球、打球、断球属于一种攻击性的战术，这是积极防御思想在防守中的具体表现，也是一种勇于防守战术的基本技术。抢球、击球、断球的大胆、果断、准确的运用，可以挫败对手的攻势，提升球队的士气，为球队的反击创造良好的环境。

1. 抢球

在拿球的时候，要先靠近拿球的人，找好拿球的位置，然后用两只手猛地把球抓在手里，然后再用一种旋转的方式把球夺下来。在使用的时候，要把握好持球队员注意力被分散，转身，由空中获球下落，运球停止等机会，双手握球要准确，要快速，要突然。根据不同的手部方法，抢球可分为两类。

（1）拉抢。防守球员看准了对方持球的空隙，快速用双手将球抓在手中，然后猛地向后一拉，将球从对方手中抢夺过来。

（2）转抢。转抢的方式有自上而下和自上而下两种，一般常用自上而下的方式。抢球时首先要靠近对手，动作要突然、果断，当两手接触球和控制球时，可用前臂和手腕、手指的（手分上下伸出）力量自上而下或自下而上的转动力量，迅速将球抢下。

（3）一般在进攻队员动作犹豫、迟缓时抢球。

（4）当对手刚接到球、持球转身、抢篮板或跳起接球落地尚未保护好球时。

当持球队员只注意防守他的队员，而忽略其他队员时。在防守队员关门、夹击配合中大胆地运用抢球技术。

2. 打球

投球就是从攻击球员手里把球打出去。有三种情形，分别是击打在持球者手里的球、击打在运球者手里的球、击打在移动中投手手里的球。

（1）打原地持球队员手中的球

打原地持球队员手中的球有自上向下和自下向上两种打球方法。打球时一般采用与球运动的逆向迎击，这样就可以利用反作用力，增加打击的力度，从而轻松地将球打下来。比如，在对方握球从胸部上方向下移动时，宜采取自下而上的打法。在打球的时候，更多的是用手指和手掌来击球，用手指、

小臂和手腕的短促和快速的动作来进行弹击，而不能用大臂来进行上步的抢打。手臂出击动作要快速，判断要准确。

（2）打掉运球队员手中的球

以右手带球为例，在持球者前进的过程中，在球离地的一刹那，猛地用左手，快速地从侧方把球击出，然后再迅速地向前抢断。

（3）打行进间投篮队员手中的球

进攻队员运球上篮时，防守人员要侧身跟在带球的队员身后，在对方开始上篮时，走出两步，将球从身体一侧转移到腰腹部的时候，防守人员可以用左右手从上往下的斜击法将球击落。为防止犯规，运动员应在比赛中迅速收回胳膊，跟随移动快，找准时机，快速出手，手臂撤离速度要快。

以下情况可使用打球技术：

（1）当一名进攻者拿到球后，由于没有防守，或者由于看不清比赛状况而放松了戒备，可抓住机会迅速运用打球技术。

（2）进攻队员运球中保护不好时，防守队员应及时用离对手近侧的手在他准备变向运球和球从地上弹起尚未触手的一刹那向侧方打球。

（3）进攻队员强行上篮时，防守队员先迎前防守，用假动作控制对手的速度，主动靠近他，在他起跳前把球由右侧移到腹部，将要上举而球已暴露的一刹那，迅速用对手近侧地将球击落，迅速撤步，以避免动作接触造成犯规。

（4）打球可以在集体防守配合中，如堵截夹击、关门时进行。"盖帽"时要注意位置距离的选择、起跳时间的掌握及"盖帽"动作的正确运用。

3. 断球

断球是截获对方的传接球的方法之一，是防守队员正确判断进攻队员传、接球的路线、时间和位置后，以快速移动截获球的动作方法。根据进攻队员传球的方向和防守队员断球前所处的位置，一般可分为横断球、纵断球、斜断球三种。

（1）横断球

横断球是接球队员侧面跃出截获球的动作方法。在截击的时候，降低你的重心，做好开始的准备。在球刚从对方传球队员手中发出的瞬间，以

短而快的助跑，单脚或双脚用力蹬地跳出，身体伸展，两臂前伸，用手将球截获。

（2）纵断球

纵切就是从对方球员背后或两侧跳起拦截。在防守队员要从接球队员的右侧向前抢球的时候，他的右脚要向右前方踏出半步，然后侧身跨出左脚，过了对方，与此同时，他的重心前移，左脚用力蹬地，向前跳出，身体伸展，双臂前伸，将球截获。这种断球技术内线防守队员运用较多。

（3）断球技术的运用时机

当持球队员暴露了自己的传球意图时，防守者可在对方出手的一刹那跃出，将球截获。当持球队员传球动作幅度比较大，球飞行的速度比较慢，球飞行的路线较长时，防守队员可根据球的高度、速度、方向，迅速靠近对方传球路线一侧，将球截获。

防守队员还可以用假动作诱惑对方传球，然后判断时机，伺机断球。

4. 抢球、打球、断球的教学意义

（1）抢球、打球、断球是一种进攻性的防守技术，运用起来比较复杂，在教学中应先掌握正确的动作方法和脚步动作，再逐步过渡到由慢到快、由单一技术到综合技术、由消极对抗到积极对抗。

（2）在教学中应严格动作规范，强调掌握好运用时机，判断准确，果断出击。

（3）在教学中可与快攻、反击结合起来练习，可与紧逼、防守结合训练。

（4）在教学中还应注意假动作的运用，以及隐蔽意图和声东击西能力的培养。

5. 抢球、打球、断球的教学示例

（1）原地体会抢球、打球基本动作

两人一组，相距 1.5 米，对面站立；一人持球于腹前，另一人练习抢球和打球动作，两人交替进行练习。

要求：抢球、打球动作要果断、突然、避免犯规。

（2）原地体会进攻队员持球时的抢球、打球。

三人一球，相距 1 米左右，中间一人持球原地摆脱，另两人根据所处的

位置，一边一个进行抢球、打球的练习。

要求：持球队员可做原地转身跨步动作摆脱，并且幅度由小至大。另两个防守队员，抢球、打球要判断准确、果断、动作迅速敏捷。

（3）从正面打运球队员的球

在半场或全场一对一攻守练习中，防守队员紧急跟随运球队员，在球刚从地面弹起或改变运球方向时，突然上步打球。攻守交换练习。开始时进攻队员的运球速度由慢至快，动作的变化也由少至多，逐步加大难度。

要求：打球要掌握好身体的重心，尽量不要上步打球，以免漏人。

（4）从背后抄打运球队员的球

两人一组，一人持球突破，一人防守。当持球队员突破的一刹那，防守队员利用前转身由突破队员身后赶上，防守队员用靠近突破队员运球的一侧手，由后向前打球，然后上步抢球，攻守交换练习。

要求：打球时应注意犯规，防守队员从背后打球时，手和身体的重心要低，手向前下方伸出，前转身的跨步要大。

三、教学步骤与练习方法

（一）教学步骤

（1）在具体的教学过程中，先进行单一技术的教学，然后进行组合技术的教学；首先在负面对峙中进行训练，然后在正面对峙中进行训练。

（2）在防守训练中，应确立"积极防守"的理念，养成"勇往直前""敢打敢拼"的打法。

（二）练习方法

1. 选择防守位置

进攻队员在外围传球，可做摆脱接球动作，但不能穿插、掩护。防守队员根据球的位置做相应选位，积极防守对手摆脱接球，反复练习数次后，攻守交换。

2. 半场三对三练习

攻击球员可以在半场区内进行投球、突破、运球等活动，防御球员要根据对方的跑位，采取主动的摆臂、摆步等措施。防守者应对对方的跑动，并

根据对方的跑动情况，适时地调整自己的步法，从而限制对方的跑动和跳动。一旦对方接了球，就采取有球防守的方式。

第八节 熟悉球性技术

一、篮球球性练习在篮球教学中的作用

（一）篮球球性练习帮助学生打好篮球技战术学习基础

现代篮球技术就是能够将篮球运动员的身体素质充分地发挥出来，高效、合理地完成篮球攻防动作的一种方法。在篮球球性训练的过程中，篮球技术、篮球技能体能训练是其核心内容，也是最主要的方法，它可以提高篮球技战术训练的效果，同时也可以培养学生篮球锻炼的兴趣。在现代篮球训练过程中，篮球球性训练更加注重于比赛中的试用。在篮球球性训练的过程中，根据不同的比赛技术特点，有创意地进行篮球球性练习与训练，让学生更为积极、更为主动地了解篮球动作的结构，帮助他们深化对篮球球性练习与各技术环节的理解，并与学生自身的特点相结合，从而达到最有效的运动技术学习效果。通过对这些基础的篮球球性训练，学生们可以更好地提高自己对球的掌控能力，从而在今后的比赛和活动中，提高自己的自信心和发展的空间。

（二）篮球球性练习有利于学生篮球综合素养的提升

在现代篮球迅速、多变、激烈对抗的比赛中，篮球选手的心理素质、篮球技战术素养等，都会直接影响到比赛的结果。篮球技术是篮球运动的重要组成部分，因此，要提高学生的篮球技术水平，就必须进行有效的教学和训练。根据篮球技术动作的多样性，可以看出每一种篮球技术动作都有着它相对固定的结果。然而不管是哪一种技术，它完成的最重要的一步就是对球的控制和支配效果，而拥有熟练地控制和支配球的能力，这不仅要求运动员有迅速的脚步移动，在场上合理的观察和有效的位置判断，还要求运动员有良好的球性做保证。尤其是在当今篮球运动的高速度、高对抗的背景下，一个精通篮球球性的球员会得到更多的进攻和防守机会。因此，要想把篮球技术

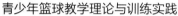
学好，就必须在学习的过程中，不断地增加篮球的球性练习，从而提高篮球技术的熟练程度和实用性。

二、篮球球性练习常用的动作方法

（一）抛接球练习方法

1. 双手抛接球

双脚分开，两只手握球在胸前和腹部之间。在训练中，身体要协调一致，使出全身的力气，把球往上一扔，脚后跟抬起，接球时要顺势弯下膝盖。把球从低处扔到高处，然后从高处扔到低处。

2. 双手过顶抛接球

两脚分开，手背在身后。以抬肘、抖腕、前臂旋转之力，将球掷向头顶上方，于身体前方，两手抓住球。

3. 自抛自接从地面反弹球

两腿之间的距离大约与肩膀的宽度相等，一只膝盖跪在地上，两只手握着球放在身前。在练习的时候，要用双手向上抛球，当球落下从地面上弹起来的时候，双手要快速向球前伸，并将球握住，并且要把球握在手中，要把球的高度在膝盖之下，抛球的高度要从低到高。

4. 单手过顶抛接球

两腿向左、向右分开，右手在身体两侧握住球。用上摆臂和指腕的力量，把球以一条弧线抛起，经头上传到左手，左手接球后再把球向右上方抛起，经头上传到左手，左手接球后再把球向右上方抛起，右手接球，如此反复。

（二）推滚球练习方法

1. 原地两手交换推滚球

在原地进行两只手的交换推滚球练习，能够使学生的指尖拨球等更加灵活，动作要领如下：两脚向左右两侧分开到比肩膀稍微宽一些的位置，将篮球放在右脚前面的地上。本练习开始后，首先要用右手向右推球，使篮球在身体前方向左方滚动，然后用左手推篮球，重复前面的动作要领。在完成这个动作时，需要学生身体的协调用力，可以使自己的身体跟随篮球的运动方向来迅速地改变。

2. 原地单手左右推滚球

原地单手左右推滚球的练习，是提高控制球能力的一种方法。这个动作在准备的时候，把球放在正前方，在练习开始之后，先进行右手的推滚球，然后将球快速地传滚给右手。当右手能迅速准确地做好推滚动作后，再做左手推滚。

（三）绕球练习方法

1. 单手持球挥摆绕环

单手持球挥摆绕环动作可以很好地培养学生的持球稳定性与平衡能力，该练习适合学生两脚自然开立，把球放在身体的正前方。在练习开始之后，用右手持球，沿着体侧位置向前摆球，并通过绕圈来完成动作。当球到达身体正前方时，迅速换手，换手时要有响亮的啪啪声，然后用相同的方式进行左手换球，并重复练习。

2. 单手托球队经腋下、头上绕环

该动作的准备步骤是：学生双腿自然分开，右手握球，双臂自然下垂，用小臂平举牵引球，为绕环做好准备。绕环时，增加肘部向外延伸的力量，同时维持适当的抬高。与此同时，学生托住球的手掌要迅速地向内旋转，到了腋下后，形成反手持球的姿势。要用最快的速度将篮球前侧、左右两侧进行侧旋抬起，完成后再将球放回原位。

（四）拍球类

1. 固定手臂交替按拍球

两脚左右开立，屈膝，重心稍下降，两肘放在两膝上，然后两手交替利用手腕、手指的力量连续拍球。

2. 原地双手交替按拍球

两脚开立，屈膝，两手交替按拍球的外侧上方，使球向左右两侧弹起。

3. 花样按拍球

两脚左右开立，稍屈膝，两手在胯前交替拍球后，迅速交替后移，从背后伸手在胯下交替拍球。

4. 原地体侧前、后按拍球

两脚前后开立，右手拍球的后侧上方，使球反弹至身前，接着右手拍球

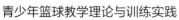
的前侧上方，使球反弹至身后，如此反复。左右手均练。

5. 原地连续胯下按拍球

两脚前后开立，屈膝上体稍前倾，两手交替通过胯下运球。

（五）拨球类

1. 左右手拨球

双手十指自然分开，掌心空出，通过手指、手腕拨动篮球，让球在两手之间移动。该练习主要活动手对球的感触能力。练习 2～3 分钟。

2. 胸前左、右手 180 度点拨球

两脚分开，身体保持正直，左手持球于体前两脚下左侧，由下肢经体前至头顶直臂点拨球为 1 个 8 拍，然后，由上向下点拨球，做 4～8 拍。

（六）传接球练习方法

1. 原地向前、侧挑拨传球

两个人面对面站着，彼此之间的距离为 3～4 米，在进行训练的时候，持球人首先要做的就是在原地低运球，在球从地上弹起来的时候，要用手主动去接球，随后动作也发生了变化，变成了手掌向前，手指向下。用指腕力将动作传向对方的身体，这样可以进行交替的练习。在向侧挑拨传球的时候，两个人侧对着站着，当两个人的肩膀相对的时候，就可以做正手挑拨传球。在同侧肩对着的时候，做一个反手往侧面的挑球动作。

2. 跳起双手、单手空中传接球

在进行训练的时候，持球者用双手或单手将球的弧线传给对方，让球向对方头前上方下落。接球者跳起后，在空中用双手或单手接球，并在空中用双手或单手回传球。这样，两个人轮流练习空中传接球。

3. 对墙左、右手传接两球

左右手各持一只球，站在距离墙壁大约 1 米的地方，在进行训练的时候，首先要用右手把球对准墙壁发出，等球碰到墙壁后弹起来的时候，再用左手把球向墙壁发出。由右向墙壁传过来的球用右手接，由左向墙壁传过来的球用左手接，按照提示继续进行对墙传球和接球的训练。

（七）运球练习方法

1. 原地运起静止不动的球

蹲下身体，将皮球放在地面，保持平衡。在训练中，可以用手指和手腕的力量去打球，借着球的弹跳，把球拍抬起来，最后把球压到"死球"上。

2. 直臂对墙运球

右手持球在头顶右前侧，用手指腕力将球推到墙上。练习时，要从慢到快，双手轮换。

3. 直腿坐、体侧运球

两条腿伸直，两只手握着球放在胸前。在练习的时候，用右手在身体右侧做低运球，让球的落点慢慢地向脚尖方向移动，到了远端后，再向右后划出一道弧线，到了身体右侧远端，再回到起点，双手交替进行练习。

第五章 青少年篮球战术训练

本章内容为青少年篮球战术训练，介绍了战术教学的基本知识、青少年篮球基本战术教学、青少年篮球进攻战术训练实践、青少年篮球防守战术训练实践四方面的内容。

第一节 战术教学的基本知识

篮球战术，是指在比赛中运动员个人技术的合理运用和发挥以及与同伴之间协同配合的组织形式。任何战术的目的都是为了有效地抑制对手从而使自己掌握主动，最终取得比赛的胜利。篮球战术是在"以我为主，争取主动"的思想指导下制订的，战术的制订必须要根据球队整体的需要和队员自身的特点而制订，球队整体的特点是球员共同特点的集中体现。篮球战术的运用则要灵活机动，视对手的情况而不断变化，进攻和防守是矛盾的两个方面，二者互为一体，又对立统一。

一、个人战术行动的基础知识

包括个人进攻战术行动和个人防守战术行动。

（一）个人进攻战术行动

个人进攻战术行动，要根据整个球队的战术安排及对手防守的情况等充分利用各种进攻的技术，创造更多进攻机会，投篮得分。

1. 队员无球时的行动

队员在比赛中大部分时间是处于无球状态中，队员在无球的时候，要高度集中注意力，全面观察场上的情况，积极跑动，不断调整位置，利用各种配合技术，为自己和球队创造更多更好的进攻机会。

2. 队员有球时的行动

队员有球时的任务有两个，一是自己进攻，另一个就是助攻。

有球时分为三种情况：

（1）在后场获球时，首先看有无发动快攻机会，及时地发动快攻，积极地往前场推进，可以是自己快速地运球，还可以跟同伴之间传球，无论怎样都要以最快的速度把球推进到前场。

（2）在前场外线获得球时，前场外线获得球是非常具有威胁的。可以根据对方防守的情况和同伴的站位情况，选择运球突破、传球助攻、外围投篮，还可以向弱侧转移球等。

（3）进攻队员在内线持球是最具有威胁的，首先要把握好机会自己进攻得分，其次要随时准备传球给摆脱防守插入内线的同伴进行策应配合，如果自己遇到对手的包夹处于外线的同伴有空位，可以及时将球传出，让同伴在外围投篮。

（二）个人防守战术行动

个人防守战术行动要服从于球队整体防守战术需要，要随时观察场上进攻队员的情况和同伴的位置，及时作出判断，运用各种防守技术阻止对手持球移动和得分，并获得球权。个人防守的战术分为对无球队员的防守和对有球队员的防守。

1. 对无球队员的防守

篮球比赛中对无球队员防守的主要任务主要有三个：一是不让无球队员切入或者跑到篮下接球，二是抢断传向自己防守对象的传球，三是阻止自己的防守对象跟其他进攻队员之间的配合。

2. 对有球队员的防守

篮球运动活动的焦点就是对球的争夺，所以说对有球队员的防守是比赛中最重要的任务，防守有球队员时，首先要有正确的防守姿势，其次要占据有利的防守位置。尽最大能力阻止对手投篮、传球、运球，同时还要通过自己积极的移动，充分运用各种抢、断等技术获得球权，由守转攻。

二、区域联防防守的基础知识

区域联防是全队整体防守战术的防守形式，是在攻防转换由攻转守时，全队快速退回后场，按照一定的区域分工和落位进行防守。防守中分布在不同区域的队员要密切配合协同防守，使整个区域密切联系在一起。区域联防的特点是，防守的重点是球，整个的防守行动随着球的转移而不断变化。每个防守队员在自己的防守区域内注意力要集中，严防进入防区的对方队员或者说严禁对方队员进入自己的防区。同时还要注重跟其他防区同伴的配合。区域联防对于防守内线高大强壮的队员，拼抢篮板球都是很有利的。

（一）区域联防的基本原则和基本要求

（1）区域联防是以整体的防守为主，个人的防守要首先服从于整体的防守，在此基础上充分发挥个人的特点，区域联防的防守要坚持积极的防御原则。

（2）比赛中由攻转守时，所有的防守队员要快速退到后场，迅速准确地根据防守战术的安排落位，阻止避免对手发动快攻。

（3）区域联防防守战术的区域划分，就是队员分工负责的区域，是一个概念上的分工，不影响队员移动出去跟其他同伴的配合。

（4）在具体运用区域联防时，每个队员都要以球为重点进行防守，一切都要随着球的转移而不断移动，构筑严密的防守体系。

（5）外围持球队员的防守可以采用个别盯人的办法，阻止他向内线运球、传球和投篮。其余的队员要协同防守，专注球的移动。

（6）防守队员首先要关注球的移动和位置并且身体的位置和姿势也随着变化，同时更要注意自己防区内的无球队员。阻止他接球和往篮下移动。

（7）区域联防时遇到对手进行战术配合时要通过位置的轮转进行防守。如果遇到对手纵插要球。就进行外轮转的轮换，遇到对手横插也称作遛底线时，就用内轮转的轮换。

（二）区域联防防守的优点

（1）区域联防是以整体性防守为主的防守战术，对同伴之间的防守互动非常有利，也有利于防守高大中锋。

（2）对善于突破球队的防守非常有效，并且能够很好地控制篮板球的争抢。

（3）区域联防防守相对于人盯人的防守更节省体力，减少犯规。

（三）区域联防防守的不足

（1）区域联防是分区域进行防守的，各个区域的交界处会使队员在防守时因为重叠而出现一定的薄弱环节。

（2）区域联防防守，由于区域是固定的，分工相对明确，有时候某个区域会出现以少防多的现象。

（3）在区域的交界处，防守的职责不是很明确，往往会出现防守漏洞，被对手抓住机会突破。

（4）对于外线和内线攻击力都很强、投篮命中率都很高的球队防守效果不理想。

三、进攻区域联防防守的基础知识

篮球比赛中区域联防的防守形式被广泛运用，无论哪种区域联防形式，都有它的弱点和缺陷，进攻区域联防的战术应该针对这些缺陷和弱点去制订。

1. 进攻区域联防的基本原则和要求

（1）篮球比赛中对区域联防的进攻最有效的办法就是，由守转攻时进攻队员快速落位，要在对手尚未落位防守时就发起进攻，打对手一个措手不及。

（2）进攻战术，要根据对手防守阵型的不同而制订不同战术。

（3）通过有目的的身体移动和传球，以及各种配合，在某个区域形成人数上的优势进而转换成进攻的优势。

（4）强侧队员有目的地使球转移，吸引防守队员的注意力。弱侧队员通过各种配合切入到篮下接球进攻。

（5）果断地在适合的位置进行中投和远投，除了能够得分外，还能够把对手的防区拉大，进而进行切入、弱侧挡拆等配合。

（6）加强内线队员的进攻威胁，内线队员要敢于进攻，同时还要寻找机会跟外线队员进行策应配合。

（7）外线队员快速有目的地传球，吸引防守的注意力，不传球的内线或者前锋积极进行身体移动，配合同伴的传球。一旦对方防守体系出现缝隙，就果断抓住机会进攻得分。

（8）进攻队员特别是无球队员要积极跑动，在移动中进行战术配合，创造更多的进攻机会。

2. 进攻区域联防防守的方法

（1）以一三一的进攻队形进攻区域联防，这是一种时效性很强、最基本的，也是比较全面的一种进攻队形，其他的队形都是由它演变而来。

（2）进攻对位联防的方法，遇到对方采用对位联防时，要多用传切、突分、掩护和策应等进攻配合战术。

四、区域紧逼防守战术基础知识

区域紧逼防守战术是紧逼防守战术中的一种，它是指在篮球比赛中，由攻转守的球队，快速在固定的区域落位，对进攻一方进行合理防守，运用包夹、抢断等方式阻止对方的进攻，从而获得球权，转守为攻的防守战术。

（一）区域紧逼防守的基本要求

（1）由攻转守时，防守队员要快速在各自规定的区域内落位，对该区域或者将要进入该区域的队员进行盯人紧逼的防守。

（2）球是防守的重点，所有的防守队员都要随着球的不断转移而改变自己的防守位置，运用边路堵中路，在边角、中线等处适时地进行包夹、抢断，从而获得球，或者延缓并破坏对方的进攻。

（3）全队的防守要具有明确的目的性，对持球队员的防守更要具有针对性，要逼迫持球队员在守防方预设的伏击区停球，或者把球传向持球能力差的队员，从而获得更多反守为攻的机会。

（4）防守队员要高度集中注意力，做到人球兼顾，随时准备抢断、补防和协同包夹等。

（5）持球队员沿边线突破防守时，防守队员要根据具体的情况进行轮转补位防守，距离突破队员最近的防守队员要快速移动，用合理的防守姿势占据合理的防守位置对持球队员进行防守，逼迫对手放慢运球速度或者停止运球，就近队员随时进行包夹，获得防守成功。

区域紧逼兼有人盯人防守和区域防守的特点，区域紧逼防守具有很强的攻击性和灵活性，区域紧逼防守能够做到以球为主人球兼顾，防守更有针对性且能够很好地控制对手，还能够很好地发挥团队的力量。

（二）区域紧逼

根据防守区域的划分为全场的区域紧逼和半场的区域紧逼两种形式。

（1）全场的区域紧逼。全场区域紧逼的落位是在前场和后场划分不同且固定的防守区域，当球队由攻转守时，每名队员迅速地按照分工移动到自己的防守区域，做好防守和配合防守的准备。

（2）半场的区域紧逼。区域紧逼还可以在后半场范围内划分固定的防守区域。球队由攻转守时，防守队员快速地移动至后半场根据分工落位，"以逸待劳"做好防守的准备。

第二节　青少年篮球基本战术教学

一、个人战术行动的教学

个人战术行动的教学分为个人进攻战术行动的教学和个人防守战术行动的教学两部分内容。

（一）个人进攻战术行动的教学

个人进攻战术行动分为无球时的进攻战术行动和有球时的进攻战术行动教学。

1. 无球时的个人进攻战术技术教学

（1）摆脱防守的个人战术行动，篮球运动的活动主要是对篮球的争夺和控制，篮球比赛中，进攻队员多数时间是处于无球状态下，无球队员想要获得球就要先摆脱防守队员的防守，然后占据合理有利的进攻位置。

（2）位置变换的个人战术行动。篮球比赛中进攻队员处于无球状态时，要根据场上的情况和本队进攻战术的需要，不断地调整变换自己的位置，一是牵制和调动防守队员，给其他队员的进攻创造机会；二是通过位置的变换

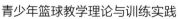

让自己处于非常有利的进攻位置。

（3）利用同伴的掩护，篮球比赛中无球队员经常利用同伴的定位掩护摆脱防守，寻找战机进攻得分。

2. 有球时的个人进攻技术教学

篮球比赛球是争夺的焦点，持球队员的责任重大、任务艰巨。队员持球时有两个任务：一是自己主动进攻，二是助攻同伴得分。

（1）持球队员自己的进攻，可以是持球突破上篮得分，也可以是中远距离的投篮得分，等等。

（2）助攻同伴得分，助攻同伴得分也有许多方式，如中锋策应的助攻。

（二）个人防守战术行动的教学

个人防守战术的行动包括对无球队员的防守和对有球队员的防守。

1. 对无球队员防守的教学

防守无球队员的主要任务是阻止他切入到篮下的有利位置接球，其次是积极抢断给他的传球。

2. 对持球队员防守的教学

有球队员是进攻的主要实施者，他的进攻方式有许多种，包括传球、运球、投篮等技术。对有球队员的防守就是尽可能地阻止他的进攻行为，不让他轻易投篮，逼迫他在外围运球，并且要及时地断掉他的传球。

二、区域联防防守战术的教学

区域联防落位的形式是根据在场上五个队员所处位置不同而定的，通常包括二三联防、三二联防、一三一联防、二一二联防等形式。

区域联防中防守位置随球的转移不断移动的配合。包括球在外线弧顶时的移动配合、球在两侧时的移动配合、球在场角附近时的移动配合、球传给中锋时的移动配合、"关门"和包夹的移动配合、争抢后场篮板球的配合等。

三、进攻区域紧逼战术的教学

进攻区域紧逼时，进攻队员首先要保持冷静的头脑，通过全体队员之间积极的战术配合，抓住对手的防守漏洞进行有效的攻击。

进攻区域紧逼时要求队员之间传球时要注意随时对球跟进，破坏对手的包夹，及时地声东击西改变球的方向，使球突然地向弱侧转移。还要充分运用反跑、策应、空切等战术实现进攻目的。

第三节　青少年篮球进攻战术训练实践

一、进攻基础配合

（一）传切配合

传、切就是进攻者通过传球、切球等技术进行的一种简单的配合。

要求：切手必须把握好时间，在防守者离开防守点的时候，才能抓住机会突破。在防守者严密防守的时候，要小心使用断球。突围的方式有变向突围、转身突围、变速突围。在队友做摆脱时，持球人要利用瞄篮、突破或其他假动作，牵制住自己的防守对手，并将球传给切入者。

使用方法：在对手的后防线被拉开，或者后防线的球员放松警惕的时候，都可以使用这种方法。

（二）掩护配合

掩护是一种合作方式，它是一种运动员用自己的身体来阻挡对方的防守队员的动作，以便对方借此突破，或者是通过对方的身体和姿势来突破。

方法：根据球员位置和被掩护球员的不同，可分为前掩护、侧掩护和后掩护。根据掩护队员传球后的移动方向或持球队员的移动方向，有正面掩护和负面掩护。

姿势：掩护时，膝盖微微弯曲，双腿张开，手臂弯曲，最好双手放在肩膀上方，上半身微微倾斜，当然也可以垂直向前倾斜。

距离：如果被保护人看到保护人，则保护距离尽可能接近。如果被保护者没有看到保护者，或者在其视野之外，则所保护的距离为一步。

要求：掩护时，身体姿势要正确，距离要适当，动作要合理，避免犯规行为。

用途：用于防守严密、人员摆脱不方便时使用。

（三）突分配合

所谓突分，是指持球者突破后利用传球与同伴配合。

要求：突破要快速，既要做好投篮准备，又要观察攻守球员的行动和位置，及时将球传给空位的同伴。

应用：不管对方使用什么战术，都可以进行突分，尤其是当对方采用延伸防守时。对于小个子球员对抗大个子球员来说，这也是一种有效的进攻方法。

二、快攻

快攻是由攻转守时，以最快的速度创造人数上的以多攻少，或趁对方立足未稳，利用熟练的行进间技术快速结束战斗的战术。

（一）基本快攻阵形

对方投篮得分后，④掷界外球，①接应然后突破，②、③、⑤快下，②、③快下到底角位置，⑤快下到低位，④掷界外球后快速插下，①快速突破。（图 5-3-1）

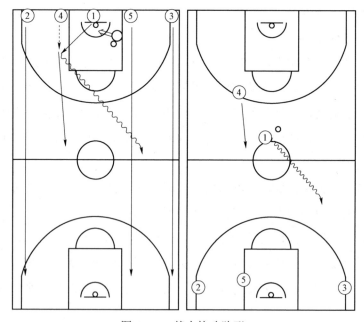

图 5-3-1　基本快攻阵形

要求：①的突破要越过中枢线，带来防守的强、弱侧转换。

（二）对方得分后的快攻练习

1. 对方得分后的快攻练习一

方法：①突破后如果没有给底角的③或者低位的⑤传球的机会，传球给快速下顺的④；④接球后转移传球给弱侧 45 度上来接应的②；底角的③上来给④掩护，③掩护后转身上提弧顶准备接应；②传球给③，③可传球给④或⑤得分。（图 5-3-2）

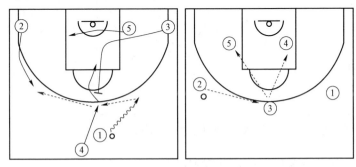

图 5-3-2　对方得分后的快攻练习一

要求：⑤先做要球的动作吸引防守然后再跑动。③先切入到篮下然后再上来给④掩护。

2. 对方得分后的快攻练习二

方法：进入前场后，①突破后如果没有给底角的③或者低位的⑤传球的机会，传球给快速插下的④；④传球给上来的②，然后去给②做掩护；②利用掩护突破，④掩护后弹开切入篮下，②突破后可传球给④或者⑤，由他投篮。（图 5-3-3）

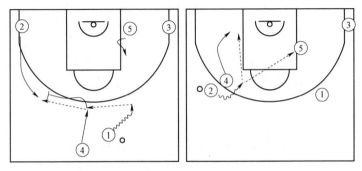

图 5-3-3　对方得分后的快攻练习二

要求：①传球给④后，⑤先在篮下要球，在上提的时候也要做要球的动作吸引防守。

3. 对方得分后的快攻练习三

方法：进入前场后，①突破后传球给插下的④，然后去给④掩护，④突破上篮或者传球给⑤，②上提保持进攻空间，⑤再向弱侧低位移动。（图5-3-4）

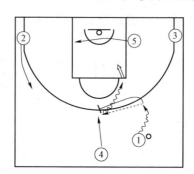

图 5-3-4　对方得分后的快攻练习三

要求：④要具备较强的运球突破能力。

（三）第三阶段的快速进攻

第一、二阶段没有进攻机会的话，可转入第三阶段的快速进攻，即阵地进攻阶段。

1. 配合一

方法：①突破后传球给弧顶位置的④，④传球给从底角位置上提过来的③；②上来给④掩护然后②弹出接③的传球；④利用掩护下顺，⑤向对侧移动；然后②可传球给④或者⑤，由他投篮。（图5-3-5）

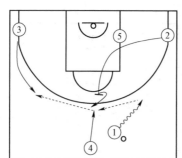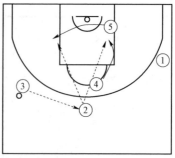

图 5-3-5　第三阶段快速进攻配合一

如果②没有机会传球，可有以下选择：第一，②运球突破到①身边然后手递手传球给①，①朝向弧顶方向突破，③切入篮下，④、⑤依次轮转保持空间。（图 5-3-6）第二，②运球向①突破，①切入篮下，②传球给①，③、④、⑤依次跑动保持进攻空间。（图 5-3-7）

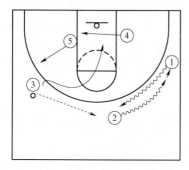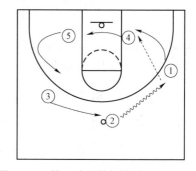

图 5-3-6　第三阶段快速进攻配合一（a）　　图 5-3-7　第三阶段快速进攻配合一（b）

2. 配合二

　　方法：①运球突破到 45 度位置，传球给快下到弧顶的④，④传球给从底角上提 45 度位置的③，然后去给③做掩护，③利用掩护突破，⑤移向另一侧。（图 5-3-8）

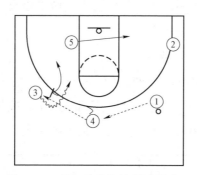

图 5-3-8　第三阶段快速进攻配合二

　　或者是④传球给③后切向篮下，接③的回传球，没有机会上篮就向外侧 45 位置突破，①过去接应，②向弧顶移动，⑤向高位上提。（图 5-3-9）

　　①接球再向底角位置突破，④传球后切入篮下接①回传球上篮。②向 45 度位置移动，③向底角移动。（图 5-3-10）

113

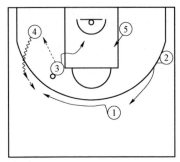

图 5-3-9　第三阶段快速进攻配合二（a）

图 5-3-10　第三阶段快速进攻配合二（b）

教学点：第三阶段进攻的原则：

第一，队员之间要拉开空间，及时轮转补位，队员之间保持 4 米左右距离。

第二，传球的队员传完球，必须向篮下切入寻找机会。

第三，如果有队员向你突破，根据防守情况做出以下选择，防守松散的时候，你和运球的队友进行手递手传球，接球后利用手递手同伴的掩护突破；防守积极错位防守时，可做反跑假动作，然后再接同伴的传球。

第四，中锋队员在限制区范围根据球的移动随机左右或者高低位移动。

第五，这个快速进攻的理念是一直向前进攻，没有向后传球，因为随着进攻时间（24 秒）的不断减少，防守会很快做出相应的快速调整。因此，要保持快速进攻给防守一个压力。

3. 第三阶段进攻综合练习

配合一：①运球突破，④和⑤给①做双掩护，①利用双掩护突破后传球给 45 度的③。（图 5-3-11）①传球后向篮下切入，⑤掩护后拆开到高位，④掩护后拆开给②掩护，②利用掩护跑向弧顶准备接应。（图 5-3-12）

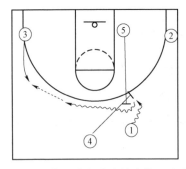

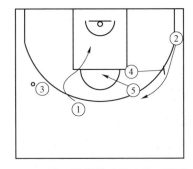

图 5-3-11　第三阶段进攻综合练习配合一　图 5-3-12　第三阶段进攻综合练习配合一（a）

配合二：①运球突破，④来做单掩护；①突破后传球给③，然后切向篮下，②在外线上提，⑤向对侧低位移动，③向弧顶突破寻找进攻机会。（图 5-3-13）

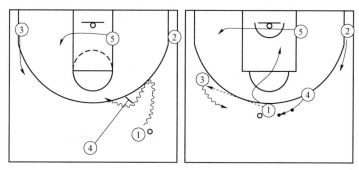

图 5-3-13　第三阶段进攻综合练习配合二（b）

配合三：①运球突破向②同时给②做掩护，②上提接①的传球，向弧顶突破，④给②做定位掩护，⑤向对侧低位移动，③在外线底角适当上提，②向③突破，①切向篮下，④在罚球线高位，依次进行快速突破传球和切入篮下。（图 5-3-14）

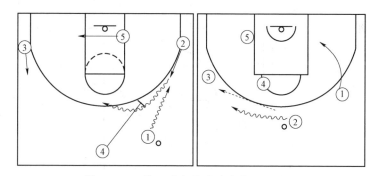

图 5-3-14　第三阶段进攻综合练习配合三

配合四：①运球突破到 45 度，传球给跟进的④，然后去给④做掩护，④利用掩护向篮下突破，④分球给②，③、①依次移动保持进攻空间，②向①突破寻找机会。（图 5-3-15）

配合五：①突破后传球给插下的④，④传球给底角上的③，然后④去给③掩护。③利用掩护突破，④给③掩护后弹开切向篮下，③传球给④，①、②、③依次移动保持进攻空间。④传球给①，①运球突破向②，②接①的传

球后再反向突破；①切向篮下，④向对侧低位移动，③从底角上提保持空间。（图5-3-16）

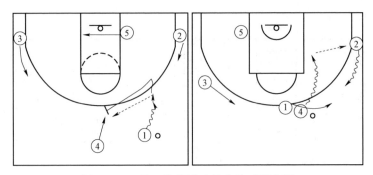

图 5-3-15　第三阶段进攻综合练习配合四

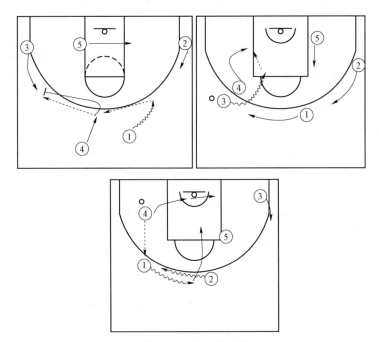

图 5-3-16　第三阶段进攻综合练习配合五

要求：球员遵循上面机动进攻的基本原则。

4. 快攻实战演练

方法：五名防守球员一列横队站于弧顶，五名进攻球员站于端线。教练无论传球给任何一名进攻队员，都要把球先给①号位，然后同时喊两防守队员（比如3、4），被喊的两名队员要去端线踩线然后再快速回防，进攻队快速进攻。形成五打三、以多打少的快攻的局面。（图 5-3-17）然后针对防守队员的情况，做出相应的进攻选择。

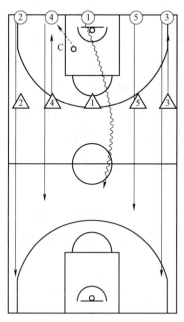

图 5-3-17　快攻实战演练

要求：根据防守队员的情况，进攻队员要及时作出调整。多沟通，大声喊起来。防守队员之间也要多沟通，多交流。

教学点：进攻中，必须让球队多交流多说话，打第一阶段没有得分就进入第二阶段、第三阶段。在进攻中，要保持队员之间的空间，及时轮转。这也是普林斯顿进攻的一种。

第四节　青少年篮球防守战术训练实践

一、防守基础配合

（一）挤过配合

方法：当一名掩护队员靠近时，防守队员主动上前，在两名进攻队员之间挤压过去，继续防守。

要求：挤过时抬起臀部，并及时、突然、有力地迈出步伐。

使用：使用群体协调来摧毁掩护，不要使用替换或其他方法。

（二）绕过配合

方法：当对方掩护时，盯防掩护队员的球员积极靠近盯防目标，让他的搭档绕过他，继续防守对手。

要求：防掩护的球员要及时提醒同伴"绕过"，并主动贴近对手。绕过球员要快速调整位置及距离，或后退一步继续防守各自的对手。

使用：如果你防守的对手不具有很强的中远投能力但具有很好的突破性而又不方便换人时，你应该使用绕过战术。

（三）换人配合

方法：如果对方掩护，两个防守队员应及时交换对手。

要求：当对手掩护时，防守队员必须互相照应，并仔细监视对手，及时换防。

运用：防守球员在身高、防守技术上差不多时采用换人配合。

二、建立人盯人防守体系

方法为先整体，然后分解，再整体进行练习。

（一）进攻向防守的转换

五人一组从中线后开始全队进攻，进入阵地后，任意一种进攻配合，投篮后，五人以最快速度退回后场进入防守位置。

要求：阵地进攻时应运用此前学习的配合，互相呼应，不停顿。从投篮到冲刺防守落位要求 5 秒内完成，防守时应互相呼应。外线可能是退防最快的，先保护篮下，待内线球员防守到位后，外线再向外防守。教练在训练中观察球员的表现，及时纠正，提出要求。

（二）贝壳防守整体练习

方法：半场五对五，进攻球员原地传球，防守球员随着每次传球调整防守位置与姿势。以中枢线划分，有球一侧为"强侧"或者是"球侧"，无球一侧为"弱侧"或"协防侧"，强、弱侧随着传球不停地转换。进攻球员离球越远时，对位的防守球员与其距离也越远。球与进攻球员连接的称为"球

线"，防无球球员应站位在球线后边靠近篮筐一侧。

强侧防守无球外线球员，当进攻球员离球较近时，防守球员应贴身防守，屈肘顶进攻球员但是不能有附加动作将进攻球员顶开，靠近球的手伸开在球线上切断传球路线，形成"错位防守（deny）"。强侧低位内线进行四分之三绕前防守。

弱侧两个传球距离的防守球员，收到中枢线附近靠近端线位置，两手张开保持人球兼顾，处于协防位置（help），当球传给对位进攻球员时能迅速防守到位。当进攻球员试图从弱侧向强侧移动时，对其进行阻止。弱侧一个传球距离的防守球员保持错位防守。

要求：防守球员保持低重心。伴随着每次传球，所有防守球员保持沟通，防有球的喊"球、球"；防无球的随着传球调整自己的防守位置与姿势，根据防守喊相应的"错位、错位"或者是"协防、协防"。球员应建立两条线的概念，一条是中枢线用以划分强弱侧，另一条为"球线"。

变化一：进攻球员传球后切向篮下，防守球员随球移动，根据对位进攻球员与球的位置选择合理防守位置与姿势。当其他进攻球员填补向篮下空切球员的空位，防守球员亦进行相应调整。

变化二：持球队员运球突破，防守进行补防与协防。假若从底角突破，强侧低位内线防守球员就应移动到限制区外进行夹击。被突破的防守球员从上线追防与内线防守球员形成对突破球员的夹击。内线防守球员面向边线，外线防守球员面向端线，两人形成 90 度夹击。同时弱侧的外线与内线防守球员均向中枢线与端线处移动收缩防守篮下，并且不让对位球员向球移动。进攻突破受阻后，传球，所有防守球员调整防守。

要求：迎球防守（Close out）时，即由防守无球队员向防有球队员的转换，最快速度移动到位并且保持低重心，防止接球队员的突破与投篮。

（三）贝壳防守分解练习

方法：进攻球员一路纵队站于篮下限制区下角，防守球员站于限制区斜对上角。教练给信号，进攻球员移动到翼位三分线外面筐接球，防守球员先向下移动到低位，再迎球防守。防守靠近中路一侧的右腿保持在进攻球员的左腿之处，迫使其不能从中路突破。进攻球员向右侧运球一次突破，防守侧

滑步迫使其停球，然后向教练传球，依次连续练习。（图 5-4-1）

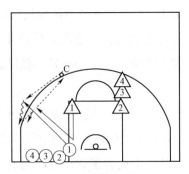

图 5-4-1　贝壳防守分解练习

变化：持球队员向左侧手运球一次突破，防守球员侧滑步，身体正对边线，右腿跨出到进攻球员左腿外侧，迫使其停球，不能从中路突破。原因是进攻从中路突破后传球选择多，防守困难；若从下线突破，只能向底角传球。

要求：可以两半场由不同教练带领同时练习，并且左、右两翼均进行练习。

（四）防守选位

方法：两人一组，弧顶一对一，进攻球员传球给翼位的教练后切向篮下，然后再移动到弱侧底角，再回到起始位置接教练传球。

防守球员不停调整位置并且依次大喊：防守持球时，喊"球、球、球"；进攻球员往篮下切时，喊"错位、错位"；进攻球员到底角时，喊"协防、协防"；进攻球员向球移动时，喊"错位、错位"；进攻球员接到球时，喊"球、球、球。"（图 5-4-2）

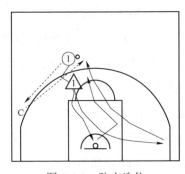

图 5-4-2　防守选位

（五）强、弱侧防守转换练习

方法：两翼各有一进攻与一防守球员，两教练在弧顶处。持球教练同侧的进攻球员摆脱要球，防守球员不停移动，错位防守不让其接球并且喊"错位、错位"，另一翼的防守球员收缩于协防位置并且喊"协防、协防"。持球教练向另一教练传球，两防守调整防守位置，防守接球的队员喊"球、球、球"，另一队员喊"协防、协防"。（图5-4-3）

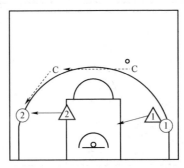

图 5-4-3 强、弱侧防守转换练习

（六）三对三迎球防守练习

方法：三名外线球员站位三分线外，教练持球站于端线，三名防守球员在限制区篮下绕圈慢跑。教练给信号的同时向任意进攻球员传球，三名防守球员迅速实现一防一，并且根据球的位置选择不同的防守位置与姿势。两翼防守不让进攻球员从中路突破，当进攻从下线突破时，另一翼的协防球员进行夹击。突破球员传球后，协防球员立即防守接球队员，两名夹击球员迅速调整位置。（图5-4-4）

要求：协防球员夹击时应面对突破球员，站于合理对抗区之外，保持静止，造成进攻犯规。迎球防守时，须根据进攻球员的速度保持合理距离，不能太近，否则进攻一步突破；也不能太远，否则对方投篮时不能干扰。防守球员根据自己的防守行动不停地喊"球、球、球""协防、协防""夹击、夹击"。

（七）半场五对五实战状态下防守练习

方法：半场五对五，进攻无限制，可运用任何方法与配合进行攻击。防守积极防守，根据原则，随球、随人移动，适时进行防球、错位防守、协防、夹击以及防守后复位。

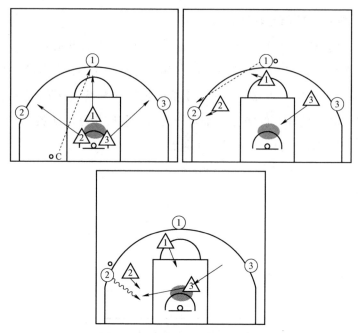

图 5-4-4　三对三迎球防守练习

要求：防守低重心，伴随每次传球，所有防守球员都要大声喊。每次有球掩护时，防守进行交换防守。坚决不许进攻从中路突破。

三、联防

（一）五防四练习

方法：1、2、3、4 四人防守，5 站于篮下，五名球员进攻。进攻球员从中场附近进入半场，分散于三分线以外，面对篮筐。四名防守球员方形保护限制区。五名进攻球员传球，四名防守球员随着每次传球而调整防守位置与姿势。（图 5-4-5）

球在弧顶时，防守采用菱形（钻石）防守，1 防持球队员，2、3 防两翼但与进攻球员保持两米左右距离，4 在篮下。（图 5-4-6）

球到左翼时，3 紧逼防持球队员，4 防底角强侧，但是位于限制区边线与三分线中间的位置，1、2 前后站位收于中枢线。（图 5-4-7）

球传到底角时，1、2 收到中枢线附近协防，在翼位防守的 3 也向篮筐收缩，4 紧逼防守持球队员。（图 5-4-8）

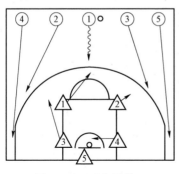

图 5-4-5 五防四练习

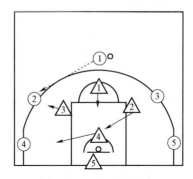

图 5-4-6 五防四练习

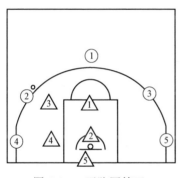

图 5-4-7 五防四练习

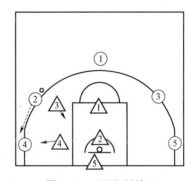

图 5-4-8 五防四练习

要求：四人防守以基本方形站位，1 与 4 斜对角，2 与 3 斜对角站位，待球进入弧顶时变菱形防守，然后随着每次传球，调整防守位置。

（二）五防七练习

进攻增加两名低位内线球员，成为七名进攻球员。5 号位防守参与全队防守，为五人全队防守。球在外线时，防守球员 1～4 的防守与上一练习相同。球在弧顶时；（图 5-4-9）球在两翼时，5 号防守球员四分之三绕前防守；（图 5-4-10）球在底角时，防守球员 5 对强侧的内线低位进行绕前防守。（图 5-4-11）

要求：防守保持沟通，一名球员明确防持球队员后，其余三名防守球员调整自己防守位置。除了防持球队员对其必须是紧逼以外，其余四名防守球员两臂张开，不能低于肩膀，增加防守面积。对于持球进攻球员须有明确的

123

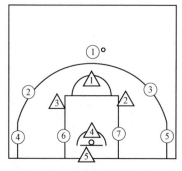

图 5-4-9　五防七练习

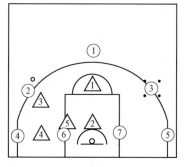

图 5-4-10　五防七练习

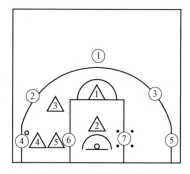

图 5-4-11　五防七练习

防守球员，避免无人防守与二防一的发生。一旦底角突破，5 号位补防，造进攻犯规。菱形站位靠近端线的 3 或者是 4 沿端线移动时，避开 5 号位，往往是从其身后快速移动到底角。5 号位绕前防守时，弱侧内线球员注意防高吊传球。5 号位视野开阔，由其指挥防守。瞬间 4 号位不能防守到位底角时，由侧翼防守球员先延误一下底角持球队员，1 号位防守时也调整向球，待 4 号位到位再调整。

教学点：守联防时，需要放弃一些东西，该防守相对加强了内线防守，外线防守薄弱一些。此防守中 4 号位跑动能力强，在端线处左右大范围跑动，5 号位留在篮下，加强篮下防守，放弃外线投篮的防守，而 5 号位一直保护篮下。

变化一：半场五对五，五名进攻球员随意进攻，五名防守球员依然保持

上述防守。对球一直是紧逼防守，其余四人调整防守位置。防守 5 站在篮的正下方。要求：迎球防守（Close out）时，防持球队员时不跳，控制好自己身体重心，扬手干扰投篮，否则容易让进攻"造犯规"。

变化二：投篮发生后，争抢篮板球。防守抢到篮板球后，攻守快速转换。

第六章　青少年篮球体能训练

对于青少年来说，其要学习并进行篮球技术、战术训练，具备良好的身体素质是基础。因此，青少年进行篮球专项身体素质训练是非常重要且必要的。本章主要对青少年篮球专项身体素质中的力量、速度、耐力、柔韧、灵敏等内容及其训练加以阐述，从而促进青少年学生身体素质水平的提升，为技战术的教学与训练奠定坚实的基础。

第一节　力量训练

一、力量素质概述

力量是青少年篮球最重要的身体特征之一，是处于首要位置的，是其他素质的基础，其他素质的提升都是在力量素质提高的基础上进行的。同时，青少年学生或运动员力量素质的提升，也能有效推动篮球技术、战术水平的提升。力量素质发展对预防肌肉紧张和突发事故，以及提高心理素质和增强战斗精神具有预防作用。

（一）力量素质的种类

1. 最大力量

最大力是指神经肌肉系统在任何时候肌肉最大收缩时所能施加的最大力。比赛中运动者的最大力量往往表现为可能克服和排除的外阻力的大小。由于运动者的最大力量并不是一成不变的，而是常常处于动态变化之中，这

就要求运动者不断发掘自身能力的极限，充分发挥自己的最大力量，以保证力量训练的效果。

2. 速度力量

速度力量就是指肌肉在运动时快速克服阻力的能力，也被称为快速力量。这种能力在很多运动项目中是处于决定性影响的地位的。速度力量的形式有很多种，其中，较为特殊且典型的有爆发力、起动力和弹跳力。在青少年篮球运动中，体现得较为显著的是弹跳力。后面对弹跳力及其训练进行详细分析和阐述，此处不再赘述。

3. 力量耐力

运动时肌肉长时间克服阻力的能力，就是所谓的力量耐力素质。一般来说，阻力与运动时间是呈负相关的关系。

（二）力量素质的特征

青少年篮球中的力量素质，要求必须是全面的、精细的、高素质化的，因为针对的是青少年，在力量素质方面的要求会更加严格和具体。

1. 全面性

对于青少年篮球运动员来说，其在力量素质方面必须做到全面性，这样才能保证在全面的力量素质的基础上，去发展其他身体素质。具体来说，青少年篮球运动员首先要保证其上肢、下肢、腰背部肌群的发展呈现出均衡性的特点。与此同时，在力量素质的各种形式上也要做到全面性，即使肌肉的爆发力、耐久力、最大力量都有较好发展。

2. 精细化

这里所说的精细化，主要是指技术动作方面。具体来说，青少年篮球运动员技术动作的精细化特征的实现，需要青少年篮球运动员满足两个方面的条件：一个是有敏锐的时空判断能力；另一个是对用力的大小、方向等具体信息有充分的把控能力。

3. 高素质化

青少年本身是社会发展的后备力量，高素质化是其显著特征，这与社会发展的需求是相适应的。通常，青少年篮球运动员的基本素质要求为：身高且敏捷，体格强壮，对抗力强，瞬时输出功率大。在专项运动过程中，力量的冲撞与对抗对比赛争取主动、取得比赛胜利起着很重要的作用。

二、青少年篮球力量素质训练要求

（一）青少年篮球运动员的力量素质要求

在青少年篮球运动中，力量素质是处于基础性地位的，其是青少年篮球运动员专项对抗能力、专项速度、专项技术掌握和完善的基础和保障。

在比赛中，进攻和防守的反应、跳动、加速与拼抢，以及防守与攻击的有效性都受力量素质的影响。篮球对青少年的要求不仅局限于跑得快，还对其在跑动过程中迅速地制动急停提出了较高要求。跑得快的实现，要求具有较强的腿部和足踝掌趾肌肉力量。跑得巧，要求必须具备迅速改变方向的能力。跑动过程中的急停，则要求必须具备很强的膝踝关节肌群的退让收缩能力。跳投、盖帽、争抢篮板球等动作要求运动员在弹跳力方面有较高的水平，弹跳力是在腿部力量和腰腹力量的基础上提升的，而投篮和传球动作则是借助手臂和指腕力量实现的。

（二）青少年篮球力量素质训练的具体要求

针对青少年篮球力量素质训练，需要提出训练的相关具体要求，以保证理想的训练效果。

1. 要采用最大负荷

青少年篮球力量素质的训练，主要目的是能够充分发挥青少年运动员的最大身体潜能，要达到这一目的，就要求采用的负荷量与强度及在完成每一组和每一次所承受的力量负荷时，最终使得参加运动的肌肉能够在收缩过程中能达到精疲力竭的程度。

2. 训练要重复进行

青少年运动员在承受大负荷的力量训练中，对其采取的训练形式有非常高的要求，即次数多、组数多且反复、负荷大，由此来保证加大对肌肉的刺激深度。从根本上来说，发展力量素质的目的在于让青少年运动员承受较大负荷，同时，也要不断累积数量，由增加次数或组数的不适应逐渐发展到适应，再增加重量由不适应到适应，最终达到使青少年运动员的力量素质得以发展和提升的目的。

3. 要与青少年篮球运动特点相符

可以从两个方面来理解：首先，在篮球力量训练过程中，我们应该选择符合青少年篮球技术和结构的动作方法。第二是将年轻运动员的一般运动特征转化为特定的力量，即跑跳能力和对抗能力。具体来说，要做到以下几点具体要求。

（1）训练要有针对性。青少年篮球运动员的力量高质量培训应该针对自己的具体特点的弱点，把差的方面都练出来。高质量培训不应盲目组织，应努力做到有针对性的训练。

（2）青年篮球运动员的力量训练应在一般力量训练的基础上实行。通常，青少年篮球运动员的力量在其 20 岁左右时达到最佳水平，青少年的力量训练应侧重于小肌肉群的力量训练和徒手低负荷力量训练。应在 16 岁左右或更晚的时候组织大负荷力量训练。

（3）我们应该为年轻的篮球运动员制订力量训练计划，并保证其科学性与可行性。需要注意的是，不同的力量素质能力之间关系密切，既相互区别，又相互联系。

（4）在力量训练过程中，青年篮球运动员必须注意肌肉力量发展的平衡。不管是大肌群训练还是小肌群训练，都要足够重视，不可忽视其中一个方面；在训练过程中，更多地采用上下肢训练的方式，同时，腰背肌群的训练也很重要。

三、青少年篮球力量素质训练方法

力量素质训练前，保持一个良好的身体状态，这是非常重要的。如果身体条件不允许硬要进行较大负荷的训练，训练时不能把握好训练量，不仅不能达到训练的效果，而且还会给机体造成不良的影响。力量素质训练前，要做好充分的准备活动，将身体充分活动开，这能有效降低运动损伤发生的概率。力量素质训练时，要根据自己的实际情况来合理安排运动训练的负荷，切不能急于求成，盲目训练。

（一）不同身体部位力量素质训练

1. 上肢力量训练

（1）卧推。

（2）负重推举。

（3）两人一组，一人侧平举、另一人用力压手腕对抗。

（4）弓身负重，伸屈臂提拉杠铃。

（5）负重伸屈臂。

（6）拍手俯卧撑。双手撑在地面上，左右分开与肩同宽，手臂直立。脚尖触地，身体绷直。手臂弯曲，身体降低，直到胸距地面 2.5 厘米。双手爆发性地猛推地面，离开地面，在离开地面的最高点拍手。双肘微屈，回到初始位置，重复做 10 次。

2. 下肢力量训练

（1）双脚障碍跳前进

训练者面对障碍物站立，双脚左右分开，两脚之间的距离与髋部相同，膝关节稍微有些弯曲，手臂放在背后，双肘微屈，双手自然置于腰间。起跳时手臂尽可能快地向前上方摆动，以此来带动身体跳过障碍。

（2）侧面的双脚障碍跳

训练者侧面站立，右肩正对第一个栏架，双脚左右开立与髋部同宽，膝关节微屈，手臂背后，双肘弯曲，双手置于腰间。起跳时手臂尽可能快地向前上方摆动，带动身体跳过每一个障碍。

（3）"Z"字形双脚障碍跳

训练者站在右侧，在第一个栏架的中间，面朝栏架，双脚分开与髋部同宽，膝关节微屈，手臂背后，双肘弯曲，双手置于腰间。起跳时手臂尽可能快地向前上方摆动，带动身体尽可能快地以"Z"字形向左向右的对角跳过每一个栏架。

（4）极限跳

在完成连续的跳跃训练过程中，首先要控制落地，记住在每一次跳跃和落地时膝关节要弯曲。

（5）膝关节触胸跳跃

双脚左右开立与髋部同宽，膝关节微屈，手臂背后，双肘弯曲，双手置于髋部。起跳时手臂向前上方摆动，上抬膝关节使之接触到胸部，这样尽量高的重复跳 10 次。

（6）垂直跳

双脚左右开立与髋部同宽，膝关节微屈，手臂背后，双肘弯曲，双手置于髋部。起跳时双臂向前上方摆动，带动身体尽可能高地垂直跳起，这样重复 10 次。

（7）双脚前后跳线训练

面向线站立，双脚左右开立与髋部同宽，膝关节微屈，肘部弯曲接近 90°。尽可能快地在线前后跳跃，起跳高度稍低紧贴地面。在线的两侧，以脚触地的形式跳跃 10 次。

（8）双腿侧向跳线训练

在线的一侧站立，右肩正对线。双脚左右开立略小于髋部，膝关节微屈，双肘弯曲接近 90°。尽可能快地紧贴地面跳跃过线。在线的每一侧，以这种形式跳跃 10 次。

3. 腰腹力量训练

（1）可以采用多种仰卧位的训练方法，比如仰卧举腿、挺身等。

（2）利用杠铃负重转体、挺身的方法进行训练。

（3）单、双脚连续左右跳，注意跳的高度有一定要求。

（4）跳起在空中做相关的动作，比如，跳起空中收腹、手打脚、转身、传球或变化动作上篮等。

（二）爆发力和核心力量训练

1. 爆发力训练

（1）双脚起跳大力扣篮或上篮

在每个低位区放置一个球。投篮者站在篮下，面向球场。双脚左右开立与肩同宽，膝关节微屈。抢篮板球、放球人在前面的区域，面向篮筐。投篮者尽可能快地捡起球，然后完成一个后撤步，尽可能高地双脚爆发性跳起，完成扣篮或上篮，然后立刻跑向另一个球，再重复。投篮者从一个区域变换到另一区域，在每一侧完成 3～5 次的扣篮或上篮。每次投篮后，抢篮板球、放球人便立即抢篮板球并把球放到指定区域。

（2）单脚起跳大力扣篮或上篮

投篮者站在罚球线的右端（右肘处），面向篮筐。传球、抢篮板球者在篮筐的前方区域，面向篮筐持球。投篮者面向篮筐开始，从传球者那得到反弹球，不运球，右脚爆发性地尽量向高跳，右手扣篮或上篮。当传球者抢篮板球时，投篮者立刻跑到罚球线的左端。投篮者转向并跑动接传球者的反弹球，右脚爆发性起跳的同时，左手扣篮或上篮。继续这一训练，在每一侧完成 3～5 次扣篮或上篮。

2. 核心力量训练

（1）接、掷保健球仰卧起坐训练

屈膝，双脚平放于地面，从坐位开始练习。一名搭档面向你，双手持保健球，站于离你 1.2～2 米的位置。搭档把保健球掷于你胸前。接球，慢慢下降躯干至地板，然后返回到起始位置。当恢复到起止位置时，胸前双手把保健球传给搭档。

（2）快速触脚训练

平躺于地板上，要求双臂和双腿始终伸直。始终保持双臂和双腿伸直，快速用双手触摸脚尖。切记：在两个动作之间，不能完全把后背恢复到平躺位置。

（3）充分仰卧起坐训练

屈膝，以标准仰卧起坐的姿势躺于地面，只使下后背触到地板，双手放于脑后。收缩腹部肌肉群，使躯干提升，形成与地面垂直的姿势。慢慢恢复到开始位置，整个训练过程中保持双臂不动且始终放松。

（4）负重身体收缩训练

屈膝，以标准仰卧起坐的姿势躺于地面，只使下后背触到地板，双手持一杠铃片或保健球置于胸前。收缩腹部肌肉群，使双肩及上后背提升，与地面呈 30°～45°。慢慢恢复到开始位置，整个训练过程中始终将杠铃片或保健球置于胸前。

（5）持保健球，仰卧瑞士球身体收缩训练

后背躺于瑞士球上，屈膝，双脚平放于地面。双臂伸直，双手持一保健球置于脸的正上方。收缩腹部肌肉群，推动下后背挤压瑞士球，同时要注意保持好身体的平衡。保持双臂伸直做腹部屈伸，向天花板方向举高保健球。慢慢恢复到起始位置。

（6）竖腿训练

后背朝下平躺于地面，双手放于髋骨下。双手和双臂应该尽量用力，双手和双臂尽力形成支架，以避免下后背拱起。头和肩微上抬，收缩腹部肌肉群使下后背平抵地面。举腿至脚离地 15 厘米的位置，向胸部方向屈膝，然后再竖直伸直双腿，提升臀部至离地 15 厘米的位置。颠倒训练顺序，降下臀部，恢复双腿至脚离地 15 厘米的位置。

（7）悬垂提膝训练

此训练需要用到引体向上的横杠，双手正握横杠，握距比肩稍宽，双臂伸直，保持躯干放松，双腿自然下垂。向胸部方向提膝，之后在自己的控制下下降双腿，直到伸直。提膝过程结束时脊柱弯曲越充分，调动的腹部肌肉越多。

（8）双腿夹保健球悬垂提膝训练

双手正握横杠，握距比肩稍宽，双臂伸直，保持躯干放松，双腿自然下垂。两膝之间放一保健球。向胸部方向提膝，之后在自己的控制下下降双腿，直到伸直。提膝过程结束时脊柱弯曲越充分，调动的腹部肌肉越多。

（9）单侧骑车训练

平躺于地面，臀部和膝部弯曲呈 90°，双手置于脑后。收缩腹部肌肉群，做一个类似骑自行车的运动，同时移动右肘和左膝使其快速触碰。换左肘和右膝重复上述动作。

（10）持保健球扭转仰卧起坐训练

双腿屈膝，以标准仰卧起坐的姿势躺于地面，只使下后背触到地板，双手胸前持保健球。收缩腹部肌肉群，使双肩及上后背提升，与地面呈 45°～60°，向身体左侧转动躯干，使球触碰左侧臀部处的地板。慢慢恢复到起始位置，向身体右侧转动躯干重复同样的训练。

（11）三向推腿训练

身体平躺于地面，双腿伸直。搭档面向你，双脚在你头部两侧站立。双臂弯曲，双手紧扣搭档的脚踝保持稳定。搭档向前下方推你的双腿。尽可能快地对抗并阻止双腿做下降的运动，使你的双脚不要碰触到地板。然后迅速伸直腿恢复到起始位置。搭档分别向右侧、左侧和中路三个方向推你的双腿，按照此顺序重复下一次训练。

（12）俯卧瑞士球后背伸训练

面部朝下，俯卧于瑞士球上，双脚同高。抬高躯干直到整个身体伸直，并做充分的伸展。之后在自己的控制下下降上半身。

（13）头上、胯下传接保健球训练

两名训练者背向站立，之间距离大约 0.6 米，两脚开立略比髋宽。两名训练者都伸直双臂，置于体前。一名训练者双手持保健球。持球者直臂上举保健球，过头，搭档同时也直臂上举，双手接保健球。搭档接球后，两人立即弯腰，搭档从其胯下向你传球，你则从胯下接搭档的球。接球位置在两名练习者的中线位置。改变传接球的顺序，重复相同的次数。

（14）直腿腹背训练（双脚，单哑铃）

两脚左右开立与髋同宽站立。右手直臂持哑铃，置于右大腿前部。左臂伸直置于体侧。双腿伸直或者微屈，保持直背的同时向前下腰，体前斜下哑铃至左侧脚尖，要求不要转动后背。慢慢地直背恢复到起始位置。要求在哑铃至脚尖时不要撞击地板。

（15）直腿腹背训练（单脚，双哑铃）

两脚左右开立与髋同宽，右脚抬离地面。双手直臂各持一哑铃。左腿伸直或者微屈，保持直背的同时向前下腰，下哑铃至左腿前，右腿后伸直至与地面平行，要求不要转动后背，与臀部持平。慢慢地直背恢复到起始位置。要求在哑铃至脚尖时不要撞击地板。换右脚站立，重复此训练。

（16）俯卧瑞士球对侧起身训练

面部朝下，俯卧于瑞士球上，脚尖触地。同时上抬左腿和右臂至离躯干水平面 5～15 厘米的位置，坚持 2～10 秒钟。换右腿和左臂重复此训练。注意在抬起手臂和脚时，尽可能地保持身体伸直。

（17）俯卧两头起训练

直臂前举，双腿伸直，面部朝下，俯卧于地面。双臂伸直并尽力前伸，抬起双肩和双脚至离地 5～15 厘米的位置，坚持 2～10 秒钟，之后在自己的控制下落下双肩和双脚。在抬起双肩和双脚时，尽可能地保持身体伸直。

（18）俯卧过度伸展训练

俯卧在一个高的架子或者过度伸展训练机上，双手握住两侧把手。双腿垂直悬垂于地面。保持双腿伸直的前提下上举双腿，直到身体完全伸直。之后在自己的控制下下放双腿至起始位置。

（19）俯卧对侧起训练

直臂前举，双腿伸直，面部朝下，俯卧于地面。同时上抬右腿和左臂至离地 5～15 厘米的位置，坚持 2～10 秒钟。换左腿和右臂重复此训练。在抬起手臂和脚时，尽可能地保持身体伸直。

（20）俯卧滑动训练

滑动训练可以在滑动板或篮球场地板上进行。开始时，双膝跪于毛巾或垫子上。双臂伸直，双手置于膝前毛巾上。在整个运动过程中保持双臂伸直，后背和腹部肌肉收紧，在自己的控制下以合理的技术动作向体前滑动毛巾至最大距离。恢复到起始位置。根据后背的松垮程度和肌肉的疼痛程度来决定滑动的距离。

（21）站位单腿屈训练

站于屈腿练习机前，下护垫在脚后跟上侧，上护垫在大腿前。保持大腿碰触上护垫，向臀部方向屈腿，如果可能，使下护垫碰触到臀部。在自己的控制下落，始终保持大腿触到上护垫。可以先做一条腿的训练，然后再换另一条腿训练或者两条腿交替训练。

（22）直腿下腰胸前提拉训练

双腿左右开立与髋同宽，双手直臂持杠铃于大腿前。双手分开与肩同宽，正握杠铃。直腿站立或微屈膝，保持上体伸直慢慢向前下腰，沿双腿下落杠铃至双脚正上方。注意不要转动后背，当杠铃下降至双脚上方时不要碰触地面。保持后背伸直，慢慢恢复到起始位置。

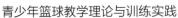
（23）中握距体前引体向上训练

双手握距比肩稍宽，正手握横杠，身体和双臂伸直悬吊于引体向上横杠上。上拉身体直到下巴碰到横杠。在整个动作过程中，双腿自然伸直，不要向下猛拉身体。慢慢恢复到起始的悬吊位置。

（24）窄握距体前下拉训练

训练者双腿放于大腿护垫下（如护垫可用），上体伸直垂直于地面，坐于下拉练习机上。双手直臂正握拉杆，握距相对较小，同肩宽。垂直下拉拉杆直至下巴下部，在整个过程中躯干保持不动。在自己的控制下恢复到起始位置。

（25）坐姿划船训练

训练者双腿微屈，双脚蹬脚踏板，坐于低位平拉练习机上。上体前倾，双手直臂握住把手。后拉把手至下胸部或腹部，在拉动过程中上体由前倾位变成微后仰位，保持双膝微屈。慢慢恢复到起始位置。

四、青少年篮球弹跳素质训练

弹跳素质，是力量素质的特殊形式之一，也被称为弹跳力，它是神经肌肉系统在接触地面前立即伸展的能力，以极高的加速度向相反方向移动，导致身体跳跃的能力。

（一）弹跳素质的种类

1. 一般弹跳素质

对于年轻的篮球运动员来说，许多其他特征可能会影响他们的跳跃机能，主要有力量素质、速度素质和协调素质等。因此，通过各种途径和方式来提升青少年篮球运动员的力量素质、速度素质和协调素质，这都能促进其弹跳素质的提升。

2. 专项弹跳素质

年轻篮球运动员的跳跃素质是指在比赛中争取高度和距离的能力，即争夺对空间的控制。专项弹跳素质是处于基础性地位的。较好的专项弹跳素质有利于取得比赛控制权、发展运动技术、提高战术配合质量，所以，弹跳素质的训练在青少年篮球专项身体素质训练中所占的位置是非常重要的。

（二）弹跳素质的特征

相较于力量素质的另一个特殊形式——爆发力，弹跳力具有一个特殊点，即其具有触地动作过程。一般来说，肌肉拉伸速度越快，肌肉工作的转换越快，起跳的高度则越高。

1. 方向的多维性

在青少年篮球比赛中，青少年运动员的弹跳力表现为具有多维的方向性。青少年运动员在跳起时，首先，必须有突然爆发的特点，在运动方向上，则具有不确定性的特点。具体的方向要与专项技术、战术的需要相符。

2. 快速连续性

青少年篮球运动员的弹跳具有快速连续性的特点。这是由于他们在比赛中，往往需要达到控制球权或者争取空间高度的目的，要达成这一目的，往往需要多次起跳。青少年篮球运动员连续起跳的弹速快慢对抢篮板球、封盖和跳起投篮会产生显著影响。

（三）弹跳素质训练要求

1. 要遵循全面发展的原则

青少年篮球运动员在进行弹跳素质的训练时，要遵循全面发展的原则，主要是指小肌群、肌肉的伸展性和弹性都要有所发展和提升，以此来达到有效改善肌肉协调用力次序的问题。弹跳力的发展情况，还与上述这些肌群之间的协调配合有着密切的联系，因此，全面协调地发展身体各部位的肌肉力量，增强肌肉爆发力，使各肌群的整体能力提高，对于弹跳素质的发展是至关重要的。

2. 选择适宜的训练方式

青少年篮球运动员弹跳素质训练的开展，需要采用适宜的训练方式，具体是指大强度、少次数、多组数的训练，除此之外，还要注意每组之间的间歇时间，由此，能使青少年运动员起跳用力时能量释放的效力得以改善。

3. 其他注意事项

发展青少年篮球运动员的弹跳素质，需要对以下几个方面事项加以注意。

（1）青少年篮球运动员的弹跳素质的培养要在早期进行，主要采取小肌群的弹跳训练方法。这样做能够有效改善肌肉用力的协调性。

（2）要注意青少年篮球运动员专项弹跳训练过程中，灵敏和柔韧素质的重要性，训练和提高这两个方面将有助于年轻运动员提高转换和增强控制身体中心的能力。

（3）篮球专项技术，在青少年篮球弹跳素质训练过程中也是非常重要的，将两者结合起来，能促使青少年篮球专项技术动作与跳起的高度和远度相吻合，融为一体，这就会使完成专项技术动作对争取高度和远度所造成的损耗有所减少。

（四）弹跳素质训练方法

（1）跳绳训练：单摇和双摇跳。可规定时间和次数进行。

（2）单脚跳连续跨跳或蛙跳28米若干次。

（3）两脚交替直线向前跨跳和直线向前左、右跨跳。

（4）两人一球，5米距离，互相跳传。

（5）一人持球在篮下左、右连续跳起投篮，要求在跳到最高点时出手。

（6）向篮板抛球，然后跳起空中补篮，三人一球连续进行。

（7）持球跳起空中连续托球打篮板训练，要求在最高点触球。

（8）向左或右上步断高传球训练，要求跳到最高点断球。

第二节　速度训练

一、速度素质概述

速度素质是辨别篮球运动员身体素质的重要因素。速度素质是指人的身体（人体的某个部位）进行快速运动的能力。也就是人体或人体某一部位快速做出运动反应、快速完成动作、快速移动的能力。

（一）速度素质的种类

1. 反应速度

反应速度是指对外部刺激做出快速反应的能力。

2. 动作速度

动作速度，就是快速完成某一动作的能力。

3. 移动速度

移动速度，就是单位时间内运动员通过一定距离的能力。

（二）速度素质的特征

青少年篮球运动员速度素质所表现出的特征，可以大致归纳为以下几点。

1. 训练连续反复

篮球比赛具有直接对抗的特点，是非常激烈的，这就对青少年篮球运动员的速度提出了更高的要求，这样才能完成连续反复的快速冲刺的动作。

2. 感知能力准确

对于青少年篮球运动员来说，他们在进行速度训练过程中，一定要能准确判断复杂的运动过程，熟悉了解并掌握篮球技术动作的空间特征，对对手的动作和行为进行监测和准确感知，准确捕捉场地、球速和个人控制的空间范围等因素。

二、青少年篮球速度素质训练要求

（一）青少年篮球运动员的速度素质要求

1. 要具有显著的专项特点

篮球运动本身就是一项具有激烈对抗的运动项目，在运动过程中，年轻运动员必须突破防守，在快速奔跑中注意防守动作，适应条件，稳定性高（防撞），因此，就要求青少年的速度必须具有显著的专项性特点，集中体现在应变性、稳定性、隐蔽性和突然性。

2. 速度素质要与专项比赛的需要相适应

青少年篮球运动员的速度，必须在满足比赛快速进攻和防守的要求下，才能实现增加正常或超国家技战术比赛的机会。要达到这一目的，就需要青少年篮球运动员在比赛过程中进行仔细的观察，然后做出准确判断，以适宜的反应来有效提升动作速度的迅速和敏捷程度，使技术、战术的运用更加快速紧凑。

（二）青少年篮球速度素质训练的具体要求

1. 将动作频率的发展作为重点

年轻篮球运动员的优点是重心低、速度动作快，即使是没有足够的蹬踏和伸展。在发展速度方面，要将动作频率的发展作为重点。

2. 做好速度训练顺序的安排

速度素质的训练，在周期训练计划中要尽可能在前期加以安排，通常会将其安排在力量素质和耐力素质的前面，这样，能使青少年篮球运动员速度素质训练的体能和精神状态都比较好，再加上训练量与强度的保证，最终的训练效果也会较为理想。

3. 注重反应速度的培养

应培养青少年篮球运动员对时空特征的反应判断能力，使他们具有良好的反应起动速度。

4. 与技术训练相结合

青少年篮球运动员的快速跑动应与技术动作相协调，使他们在运用技术过程中不会降低跑动速度，或者减少因降低速度带来的损失。

三、青少年篮球速度素质训练方法

（一）阻力性速度训练

1. 斜坡跑训练

（1）斜坡冲刺跑和跨步跑

双腿微微弯曲，跑步前后双腿处于初始位置，上半身微微前倾，手臂侧弯90°，一只手放在肩膀前面，另一只手略高于臀部。开始跨步跑或冲刺跑时，全力向前上方摆动双臂和膝部，距离较长时做跨步跑，距离较短时做冲刺跑，跨步跑所用速度只占全速的四分之三，而冲刺跑就要求用尽全力。保证正确的跑动技术。

（2）台阶跑

一个台阶跑：起跑姿势站立，上体微前倾，双臂成90°置于体侧，一只手置于肩部前，另一只手微微超过臀部。尽可能快地用小步跑动作跑每个台阶，用前脚掌着地。

两个台阶跑：双腿微微弯曲，跑步前后双腿处于初始位置，上半身微微前倾，手臂侧弯90°，一只手放在肩膀前面，另一只手略高于臀部。尽可能快地每次跑两个台阶，在做跨步或者冲刺时，双臂和膝部尽全力向前上方摆动。距离较长时做跨步跑，距离较短时做冲刺跑，保证正确的跑动技术。

2. 器械阻力训练

（1）借助水阻力训练

可以在游泳池、伤病治疗池、河、湖、海等中进行。借助水进行阻力训练是利用合理正确的跑动技术做全力冲刺的训练，另外可以任意选择五种可变的训练形式：水的深度、穿或不穿悬浮设备、固定或移动、穿的安全带是否固定于墙上、是否是流动的水。在训练的时候，这五种形式都不是必不可少的。水的深度以肩部到颈部的高度（脚触到底部）为宜：脚触到水池底部，站直身体，水到肩部以上颈部以下的高度。在做练习时，头部须始终保持在水面以上。

（2）利用阻力雪橇强化训练

系上安全带，并把安全带连到阻力雪橇上，然后慢慢向前走直到阻力绳微微拉紧。开始时可以在阻力雪橇上放较轻重量的东西。双腿微屈，两脚前后站立，上体微前倾，双臂弯曲90°置于体侧，一只手置于肩部前，另一只手微微超过臀部。跑动过程中应尽全力向前上方摆动自己的双臂和膝关节，冲过终点线后，在自己的控制下慢慢减速，保证正确的跑动技术。

（3）利用阻力伞训练

系上安全带，并把安全带连到阻力伞上，松开阻力伞以使它容易打开，向前走使阻力伞在背后打开。双腿微屈，两脚前后站立，上体微前倾，双臂弯曲90°置于体侧，一只手置于肩部前，另一只手微微超过臀部。跑动过程中应尽全力向前上方摆动自己的双臂和膝部，保证正确的跑动技术。

（二）助力性速度训练

下坡跑训练和利用预拉伸管训练，是两种安全系数较高的训练形式。

1. 下坡跑训练

下坡跑训练的斜坡角度要求为30°或小于30°，最好不要在更陡峭的斜坡上做训练。在安全的斜坡表面（草地、沙地、人工草皮或马路），适宜的长度，有一定的缓冲区。冲刺距离控制在 18～55 米。双腿微屈，两脚前后呈站立起跑姿势站立，上体微前倾，双臂弯曲 90°，置于体侧，一只手置于肩部前，另一只手微微超过臀部。在从坡顶冲下时，双臂和膝部要求尽力前摆，速度快，且跑动姿势要正确。冲过终点线后，要在自己的控制下慢慢减速。

2. 利用预拉伸管训练

把预拉伸管一端固定（系于一固定物体或者由搭档固定），另一端用安全带系于冲刺者身上。在篮球场或田径场上。距离为 18～37 米，穿好系上拉伸管的安全带，后退，使拉伸管尽量拉伸到理想的长度。双腿微屈，两脚前后呈站立起跑姿势，上体微前倾，双臂弯曲 90°置于体侧，一只手置于肩部前面，另一只手微微超过臀部。速度尽量快、保持以正确的跑动姿势冲向拉伸管的固定端，直到拉伸管失去拉力、自己冲过终点线。在自己的控制下慢慢减速。

第三节　耐力训练

一、耐力素质概述

耐力素质是指个体克服工作过程中所产生疲劳的能力。它是体现个体的健康水平或体质强弱的重要标志。耐力素质强的运动者具有更好地克服由于身体活动和肌肉活动而引起的体力上的疲劳的能力，运动者的耐力水平越高，他们克服疲劳的能力就越强。篮球运动员必须具备良好的耐力，才能在整场比赛中保持充沛的精力和强大的斗志，确保比赛的技术和战术水平正常。

（一）耐力素质的种类

1. 一般耐力素质

一般耐力素质是专项耐力素质的基础。要通过对青少年篮球运动员的摄氧、输氧及用氧能力的提高，来达到提升其一般耐力素质的目的，同时，还必须保持体内糖原和脂肪的适当储存，并提高肌肉、关节和韧带等运动器官承受长期负荷的能力。

2. 专项耐力素质

专项耐力素质，就是青少年篮球运动员在比赛中或训练中所规定的时间

内，坚持高强度工作的能力。对于青少年篮球运动员来说，其有氧代谢状况、能源物质储存及支撑运动器官对长时间、大强度工作的承受能力等都决定着其无氧耐力水平的高低。运动员在发展专项耐力的训练中，需要特别注意专项总体代谢特点，科学合理地安排训练。

（二）耐力素质的特征

1. 耐力素质的功能特征

篮球运动对青少年运动员耐力素质的要求，主要体现在速度耐力方面，而这一素质水平是取决于其供能形式的，即糖酵解供能。因此，在安排耐力素质训练时，要重视最大耐乳酸的能力训练，这是最为重要的，其次才是有氧化供能形式。糖酵解供能能够有效保证青少年篮球运动员在比赛中保持长时间的快速能力。

2. 耐力素质的机能特征

青少年篮球运动员通常具有身材高、体重大的外形特征，从内在的身体结构上说，左心室壁较厚，心脏房室的容量大。许多优秀的青少年篮球运动员在安静时，运动性的心跳徐缓、基础代谢率降低。在快速的运动中，心率加快的同时，每搏射血量较其他运动项目的运动员更大。

二、青少年篮球耐力素质训练要求

（一）青少年篮球运动员的耐力素质要求

青少年篮球比赛强度大、对抗性强，为了保持战斗力，双方在换人方面较为频繁，这些特点都对青少年运动员的耐力素质提出了较高要求。

1. 无氧耐力方面的要求

长时间重复进行短距离、高强度训练的能力被称为无氧耐力。分析表明，长周期是指比赛的总净时间；重复是指重复的动作，如突然起动、突然停止、跳跃和滑动；短距离高强度运动是指足部动作的实际距离较短，如突然起动、突然停止、跳跃和滑行。一般来说，它们可以分为极限运动和亚极限运动。

2. 有氧耐力方面的要求

青少年篮球的具体耐力表现在多个方面，其中最重要的是保持重复进行短距离、高强度交替运动的能力。青少年篮球比赛中进攻和防守不断变化节奏，这时候，青少年篮球运动员机体所进行的就是有氧代谢。

（二）青少年篮球耐力素质训练的具体要求

1. 明确耐力素质发展的侧重点

在所制订的训练计划中，要将整个训练分为几个阶段，在不同阶段发展耐力素质的侧重点是不同的。比如，准备阶段前期应更多注重将有氧耐力的发展作为重点，准备阶段后期和赛前阶段则应将无氧耐力素质的发展作为重点。

2. 明确耐力素质训练的顺序

对于青少年篮球运动员来说，要训练和提升耐力素质，在训练和发展的顺序上要进行合理安排。一般来说，有氧耐力是需要首先进行训练和发展的，在达到一定的耐力水平后，再采用无氧的方法进行训练，使其专项耐力素质水平得到有效提升。

在训练和发展无氧耐力时，不能盲目或者随意而为，正确的做法是以训练目的为依据，有针对性地合理安排运动强度的顺序。

3. 将专项耐力作为重点安排

专项耐力素质，要作为青少年篮球运动员耐力素质训练的重点加以关注。在进行专项耐力素质训练时，训练的强度要增大，就需要在运动量和运动负荷强度上遵循循序渐进的原则来逐渐增加，具体来说，首先要增加运动量，然后才是增加运动负荷的强度。

4. 保证训练内容的多样性

耐力素质训练效果并不是一朝一夕就能实现的，是需要长年坚持不懈的训练才能达成的，同时，训练内容的多种多样也非常重要，逐步提高对各种新异刺激的适应性，避免因训练内容单调，导致青少年篮球运动员的训练积极性不高，在思想上产生厌倦的情绪。

5. 要保证机体充分恢复

在安排青少年篮球运动员的耐力素质训练时，要遵循的一个重要原则，就是使每次训练后机体充分恢复再安排下一次耐力训练。

三、青少年篮球耐力素质训练方法

（一）无氧耐力训练

（1）全场连续防守滑步。

（2）变距快速折返跑。

（3）连续碰板训练，训练的次数可以定为100～200次。

（4）半蹲式原地快速点地跑1分钟，训练的组数以4～5组为宜。

（二）有氧耐力训练

1. 一般有氧耐力素质训练

可采用的训练方法有很多，比如，中长跑、越野跑、爬山等。

2. 跑跳训练

2名运动员分别站在球场的两个篮下，听信号后先跳起摸篮板（圈），然后后退跑至对面球篮，再次跳起摸篮板（圈），并反复5趟。

3. 综合训练

各种跑、跳、防守脚步动作、投、突、传、运等动作组成的全场综合训练。

（三）有氧无氧混合耐力训练

（1）全场变速跑训练，训练的距离以10圈为宜。

（2）全队人员沿篮球场边线交替排头追逐跑。

（3）连续进行长时间的各种攻守技术训练和全场攻守的比赛。

第四节　灵敏训练

一、灵敏素质概述

敏感素质是人体在各种复杂条件下快速、连贯、准确、灵活地执行动作的能力，是一种综合素质。从与专业运动的这种关系来看，敏感特征可以分为一般敏感特征和特殊敏感特征。灵敏的素质有助于获得和运用各种复杂的技战术，提高球场上的适应性，这在篮球运动中发挥着重要作用。

（一）灵敏素质的种类

1. 一般灵敏素质

一般灵敏素质，就是由力量、反应、速度、协调性等多种素质组合而成的，适用于普遍意义上的运动项目的一种能力。

2. 专项灵敏素质

专项灵敏素质，是与专项特点相符的特殊灵敏素质。篮球通常要求躲闪、突然启动、突然停止、快速改变身体姿势、运球、切入、跳到空中投篮和争夺跳跃，所表现出来的灵敏度。

（二）灵敏素质的特征

对于青少年篮球运动员来说，他们在灵敏素质上有着自身的显著特征，具体表现如下。

1. 精确性高，动作反应快

对于青少年篮球运动员来说，其专项灵敏素质的精确性能够将自身运动与周围环境的感知能力充分反映出来，因此，就要求视野开阔、目标准确，与此同时，还要有非常快的反应能力。

2. 运动时空感觉强

篮球运动的精髓在于灵活性，这就对青少年篮球运动员提出了相应的灵敏要求，即对内在结构及由此而产生的快速与精确性的协调有良好的感觉。另外，青少年篮球运动员如果具有良好的空间感觉，这样，他们对球场上的各个方面都能有准确的感知，对于提高其动作的准确性和精确度有非常积极的意义。

由于青少年篮球运动员个体之间的差异性及其在球场上的职责不同，灵活性也存在差异。例如，中锋、前锋和后卫的灵活性主要体现在时间和空间上。

二、青少年篮球灵敏素质训练要求

（一）青少年篮球运动员的灵敏素质要求

年轻篮球运动员的敏感素质要求快速、协调、准确。这几方面的要求达到了篮球运动专项的反应迅速、应变能力强的目标才能实现，才能进一步对青少年篮球运动员技术、战术水平的发挥起到促进作用。

（二）青少年篮球灵敏素质训练的具体要求

（1）灵敏素质训练时，由于具有负荷强度较大的特点，要求持续时间不宜过长，因此，应将灵敏素质的训练放在每次精力最充沛的阶段进行、从而保证良好的训练效果。

（2）青少年篮球运动员在灵敏素质方面的训练要有所加强，尤其是速度、柔韧、协调、弹跳等与篮球相关的专项灵敏素质。

（3）青少年篮球运动员的灵敏素质，要求一定要对篮球专项灵敏素质的发展加以重视，并且采取相关措施来加以训练和提升，比如，可以提供更多更好的比赛机会，使青少年篮球运动员在了解运动技术、战术特征的同时，能提升他们在复杂的条件下随机应变的能力。

三、青少年篮球灵敏素质训练方法

（一）灵敏素质的基础训练

（1）以较大的或较小的步伐，快速地跨步跑步。

（2）向前，向后，向左，向右，小碎步跑。

（3）进攻性步法前后急转。

（4）"8"字形跑步，每两点之间间隔 5 米，可与滑步配合使用。

（5）向左右两边移动，看到信号后起动。

（二）灵敏素质的提升训练

1. 六边形训练

用胶带在球场地板上标出一个六边形，每条边长 60 厘米。训练者在六边形中间以正确的准备姿势面朝第一条边站立，并且在整个训练过程中要求训练者始终面朝第一边的方向。两脚跳过第一边，按照逆时针方向重复此训练。先从六个角的中心开始，再从另一个角开始，在跳转到另一个角以逆时针的方式重复这个练习。

2. 髋部扭转训练

以正确的准备姿势站于梯子一端，左脚在梯子外，右脚在梯子第一格内。按照"正前方、右转、正前方、左转和正前方"的顺序跳完整个梯子。

3. 滑雪步训练

站在阶梯的一头，摆好正确的姿态，左脚在阶梯外面，右脚在阶梯的第一个格子里。腾空而起，右脚落在第一个格子的右边，左脚落在第二个格子的中间。落地后立刻开始跳跃，左脚在第二个格子的左边，右脚在第三个格子的中间。右脚外，左脚内，左脚外，右脚内。

4. 跨栏跑训练

（1）三方向跨栏跑训练

摆好 10 个小栏架（15～25 厘米高），栏间距大约 1 米：2 个前进，2 个向右，2 个向前，2 次向左，2 次向前。每个栅格与变向的栅格相距 1 米。面对着第一个栏杆，站在正确的位置上。越过前两列的第一列。

（2）斜行跨栏跑训练

按要求摆放 12 个小栏架（15～25 厘米高），栏间隔 1 米：2 个向前，2 个右斜 45°，2 个左斜 45°，2 个右斜 45°，2 个左斜 45°，2 个向前。栏位间距可依不同需求加以调节。面对着第一个栏杆，站在正确的位置上。越过前两列的第一列。

5. 四角训练

训练者以正确的准备姿势，面朝罚球线，站于罚球区中央。迅速跑至第一个标志物，紧接着倒退跑回起点。右侧防守滑步至第二个标志物，紧接着做左侧防守滑步返回起点。倒退跑至第三个标志物，紧接着冲刺跑回起点。左侧防守滑步至第四个标志物，紧接着做右侧防守滑步返回起点。

6. 延伸罚球区域跑训练

（1）加速、减速、倒退、跳跃、滑步训练

从球场左侧边线开始，沿罚球线的延长线，每间隔 3 英尺（1 英尺＝0.304 8 米）摆放一个标志物，离左侧边线的距离分别是 1 米、2 米、3 米、4 米。训练者以正确的准备姿势，面朝球场，站于球场左侧底角处。迅速冲刺跑至第一个标志物，然后后退跑至端线。迅速冲刺跑至第二个标志物，然后后退跑至端线。迅速跑到第 3 个标记处，向后跑到端线。快速奔跑到第 4 号标牌前，再向后跑到罚球区左边的外侧角落。一次尽量高的起跳，在终点线的右边一个滑行到罚球区的右边，在左边一个滑行到罚球区的左边。在跑动过程中不能撞到标志物。

（2）五点 Close Out 训练

沿三分线均匀摆放 5 个标志物。训练者以正确的准备姿势，面朝球场，站于篮筐底下。迅速冲刺跑至第一个标志物，急停，然后倒退跑回至初始位置。按照同样的要求依次跑完第二、第三、第四、第五个标志物。

7. 全场跑训练

（1）绕圈跑训练

训练者以正确的准备姿势，面朝球场，站于罚球区右侧边线与端线的交点处。沿罚球区右侧边线迅速跑至第一个跳球圈，并逆时针绕跑一圈。迅速跑至中场跳球圈左侧，并顺时针绕跑一圈。继续跑至另一侧跳球圈右侧，并逆时针绕跑一圈，然后冲至端线结束。从另一侧按原路线返回，方向正好相反。

（2）快速冲刺灵敏训练

3 个标志物交错摆放，1 个放于右侧边线的中点处，另外 2 个分别放于左右两侧半场的中心。训练者以正确的准备姿势，面朝球场，站于右侧场角。以尽可能快的速度迅速绕过 3 个标志物，最后冲至球场另一端的同侧场角。

第五节　柔韧训练

一、柔韧素质概述

柔韧是指运动员关节韧带屈伸旋转的活动范围和肌肉拉长的幅度。篮球运动中，许多技术动作的完成都需要运动者的身体关节和关节的肌肉、肌腱、韧带等软组织中良好的柔韧性，如此才能完成各种技术动作。发展柔韧素质对篮球技术的掌握和发挥有着积极的促进作用。

（一）柔韧素质的种类

通常，可以将柔韧素质分为一般柔韧素质和专项柔韧素质。这种分类方式在青少年篮球运动中也是常见的。

1. 一般柔韧素质

一般柔韧素质，就是指普遍都能适应的一般身体、技术、战术训练所需要的柔韧素质。

2. 专项柔韧素质

专项柔韧素质，就是指那些与专项相适应的特殊的柔韧素质。青少年篮球运动员在专项技术的掌握与提升上，是必须具备这一素质的。

（二）柔韧素质的特征

篮球运动对青少年运动员的柔韧素质要求是比较高的，这种高要求尤其体现在手指、手腕、肩、腰、踝及腿等部位上。一般来说，青少年篮球运动员的外在特点主要表现为：身材高大、身体健壮、肌肉粗大等。从解剖学的角度上来说，其柔韧素质的特性与普遍意义上的柔韧素质是基本相同的，主要受到对抗肌维持姿势的肌紧张、牵拉性条件反射而引起肌肉收缩的限制，以及神经过程的兴奋与抑制的协调性，对肌肉收缩与舒张（紧张与放松的快速转换）的影响。因此，青少年篮球运动员的柔韧素质的影响因素可以归纳为肌肉、肌腱、韧带、关节囊的弹性这几个方面。

二、青少年篮球柔韧素质训练要求

（一）青少年篮球运动员的柔韧素质要求

青少年篮球运动中，柔韧素质是非常重要的素质之一，其意义主要体现在运动员的关节韧带上，特别是腰、胯、肩、腿、踝关节韧带的韧性强，这是有助于青少年篮球运动员加大实战技术动作的强度、幅度，减少运动员机体受伤概率的。

（二）青少年篮球柔韧素质训练的具体要求

1. 柔韧素质训练要早期专门化

篮球运动本身这个项目对青少年运动员的灵活性、协调性都有着较高的要求，并且运动员身材高大，肌肉健壮。通常，可以从少儿时期就开始注重青少年篮球运动员柔韧素质的训练，最开始可以进行一些改善关节灵活性的训练，有效提升青少年篮球运动员韧带、肌腱的弹性和肌肉的伸展性。由于青少年的软组织还处于良好的发展阶段，质量较好，如果能较早地进行柔韧素质的训练，所得出的训练效果往往是事半功倍的。

2. 柔韧素质训练要持之以恒

柔韧素质通常会被忽视，甚至青少年篮球运动员也认为不用训练，这是不正确的。如果不进行柔韧素质的训练，随着年龄的增长，身体的柔韧性会大大下降，在这样的情况下，青少年篮球运动员要想继续保持自身良好的柔韧素质，就需要长期艰苦的努力才能实现。

3. 柔韧素质训练要与其他素质结合进行

由于柔韧素质还受力量素质、耐力素质的影响，因此，青少年篮球运动员在训练柔韧素质时，还要与其他素质相结合进行，尤其是力量素质，这两方面素质的有机结合，能使肌肉、韧带柔而不软、韧而不僵、刚劲有力，关节的活动幅度也能达到掌握自如的程度。

三、青少年篮球柔韧素质训练方法

（1）两手手指交叉相握向上伸直，身体向左或向右侧充分伸展。

（2）在地板上做跨栏步拉压腿、胯。

（3）两腿前后开立，两脚跟着地做弓箭步向下压腿。

（4）两腿交叉直立，上体前屈手摸脚或地面。

（5）左右弓箭步训练，手放在脚上，连续左、右弓箭步训练。

（6）两人背对背站立转体击掌训练。

第六节 平衡训练

身体平衡能力是现代体育科学的最新科研成果之一，是连接运动技能训练和发展的重要环节。改善身体平衡可以提升运动员的神经系统和肌肉控制；它还可以提高运动员使用特定技能的水平，提高他们的竞争力。

一、身体平衡能力概述

身体平衡能力是指身体有效抵抗外力并保持身体运动稳定的能力。人体在运动中表现出不同的姿势，无论是坐着、站着还是走路，人体的能力和平衡感被利用并发挥着重要作用。如果一个人失去平衡和控制姿势的能力，他将无法保持正确的姿势或完成预期的动作。这说明平衡与生命的生存和发展密切相关；这让我们意识到，平衡和人类运动之间有着更密切的关联，这对人类的运动有着深远的影响。因此，人们对身体的平衡能力进行了深入的研究。根据现有的研究结果，改善人体平衡有助于改善身体运动器官的功能；有效改善人体前庭器官的功能，有利于中枢神经系统调节身体组织和内脏的功能，从而确保人们在运动中能够按照预定的计划或目标进行相应的肢体运动。调节人体平衡的综合复杂过程表明，人体平衡是由神经系统控制的复杂过程说明，是人类生存和发展的重要生理功能，是运动员竞技能力的重要组成部分，也是提高运动技能的重要环节。保持和改善身体平衡是生存和发展、现代竞技体育训练以及体育科学重要研究的必要条件。

二、身体平衡能力在篮球运动技能发展中的作用

篮球作为三大主要球赛之一，是现代社会最受欢迎、最有影响力的体育项目之一。篮球在现代社会发展中的竞争力、体育价值、社会价值和经济价值逐渐被人所重视。所以，人们正在利用这个机会提高篮球运动员的技术水平，以促进他们的蓬勃发展。随着篮球训练的科学发展，人们越来越意识到身体平衡能力在篮球训练和运动技能设计与发展中的特别作用和重要性。

（一）提高运动技术运用水平

篮球是一项在同一场地上进行的集体竞技项目。运动员必须在高强度、高对战的竞技环境中完成技术活动的实施，才能获得得分的胜利。在高强度对抗中，如果运动员想明智、正确地使用特殊技术，就必须保持身体稳定。只有他们的身体处于平衡和稳定的状态，才能确保技术措施的实施能够达到预定的目标。所以，加强篮球运动员的平衡能力是提高其技术应用水平的因素之一。首先，提高篮球运动员的身体平衡可以有效地提高他们在高强度碰撞中的技术执行能力，使他们能够在激烈碰撞中保持技术应用的正确性。其次，通过加强身体平衡能力，运动员在比赛中的身体技术动作和姿势更加稳定，为技术应用提供了一个更加稳定的身体平台，确保了技术应用的错误是

由身体的不平衡和不稳定的动作和姿势引起的。最后，人体运动姿态的稳定性，是运动员完成各种技术动作间有效衔接的前提，是保证技术动作运用的连贯性、有效性的前提。所以，对篮球运动员进行身体平衡性的练习，能够有效地提高其技术运用的能力。

（二）强化对运动中身体姿态控制

篮球运动员必须通过科学的训练来提高他们控制姿势的能力。篮球运动员的平衡训练可以提高运动员身体不同肌肉群的协调和发育。首先，通过不同肌肉群的协调发展，能够有效应对激烈对抗中姿势的不平衡，使姿势在不平衡的运动群中完成技术的正确应用。其次，要加强以核心肌群为代表的运动肌群的力量训练，以改善运动员的平衡性。通过增强篮球运动员的肌肉力量，能够更好地提高运动员的肌肉控制能力，从而达到更好地对运动姿势的控制。最后，利用身体平衡能力练习，可以有效地提升身体神经系统动员能力和兴奋性，从而让篮球运动员在对抗中能够调动更多的肌肉参与到运动动作中，为提高运动员身体姿态控制能力打下基础。因此，加强运动员的身体平衡性训练，可以有效地提高运动员的身体素质，增强运动员在运动中的对身体姿势的控制力。

三、青少年篮球运动员身体平衡能力训练方法

对少年儿童篮球运动员进行身体平衡性的训练，对于提高他们的比赛能力，推动他们的技术水平的持续提高具有十分重要的意义。为了保证少年儿童篮球运动员的身体平衡性得到有效的发展，就需要强化他们的核心肌肉力量的训练。

核心肌肉力量训练是对身体肌肉群进行的有针对性的力量训练，肌肉群的主要组成部分是躯干和腰部。通过这种训练，躯干和骨盆的肌肉群可以得到有效的锻炼，增加肌肉纤维的面积，增厚结缔组织，增加收缩强度，从而提高肌肉募集和核心区域神经支配的能力。如果运动员的身体肌肉群能够招募更多的神经元，就可以最大限度地激活更多的肌肉纤维参与工作，从而提高身体"神经肌肉"的本体感觉功能，为训练中产生和转移肌肉力量创造有效的支撑点。有效的力量转移不仅促进了篮球运动员在运动中上下肢力量的

有效转移，有效提高了肌肉群的稳定性，显著增加了运动肌肉的力量以确保身体平衡的有效调节，还通过进行核心力量训练有效提高了运动员的平衡。在基础力量训练期间，你可以进行徒手训练或使用器械辅助进行锻炼。首先，徒手训练主要集中在后桥和腹桥上。后轴主要集中在一级和二级练习上，而腹轴主要集中在二级和三级练习上；在训练过程中，运动员的臀部应始终相对固定，每次训练的时间和支持小组数量应相对较少。主要重点是交替有氧训练，强调一定强度的训练负荷，以增加核心肌群的力量。其次，器械训练主要集中在平衡桌和瑞士球上。在平衡训练中，运动员必须一条腿站在平衡的桌子上，另一条腿抬高和弯曲膝盖，同时保持身体平衡 15 秒以上，然后在两组之间转动双腿。训练瑞士球，使用腹桥作为训练动作，运动员将脚放在瑞士球上，并用双手支撑他们进行上下运动。通过这些训练可以有效提高运动员的核心肌肉力量，从而提高身体的平衡能力。

第七章　青少年篮球运动运动损伤与科学保健

本章内容为青少年篮球运动运动损伤与科学保健，介绍了篮球中运动常见损伤及处理、篮球运动中的常见疲劳与消除、篮球运动中的能量消耗与营养补充三方面的内容。

第一节　篮球运动中的常见损伤与处理

运动损伤就是由于运动而造成的人体伤害，是指在体育运动中发生的造成人体组织或器官在解剖上的破坏或生理上的紊乱损伤。篮球运动中，由于特定的专项运动训练会导致不同部位的损伤。

一、手指挫伤和皮肤擦伤的处理

（一）手指挫伤

手指受到钝性暴力作用而引起的闭合性损伤。

1. 原因

指间关节为颌式关节，不能做侧向及旋转运动。当手指遇外力向侧方偏曲或过伸时，常引起韧带撕裂、关节囊损伤，严重者可产生关节脱位。篮球运动中导致手指挫伤的原因如下：

（1）争抢球时双方手部动作过大。

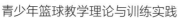
（2）对抗时手指用力触及对方队员身体坚硬处。

（3）手指和球接触的部位不正确。用指尖直接接触球体（包括接、抢、断球）极易造成手指挫伤，俗称"吃萝卜干"，初学者更易发生这种情况。

2. 症状

手指挫伤因暴力的大小和方向不同，其损伤的程彦和症状也不相同，一般表现为：

（1）疼痛和压痛。韧带撕裂或断裂产生疼痛或压痛。

（2）肿胀和瘀斑。韧带撕裂或断裂导致毛细血管破裂产生血肿或瘀斑。

（3）功能障碍。韧带断裂或撕脱骨折产生功能障碍。

3. 处理

（1）局部冰敷后加压包扎，固定并抬高伤指。

（2）48 小时后开始屈伸活动。

（3）功能障碍明显者，及时送医。

（二）皮肤擦伤

机体表面与粗糙的物体摩擦而引起的皮肤表层损伤。

1. 原因

（1）地面粗糙或有沙土，多发生在室外篮球场。

（2）各种原因的摔跤导致皮肤与地面直接摩擦。

（3）对抗过程中指甲及不当饰物的损害。

2. 症状

（1）皮肤表面剥脱。

（2）有小出血点和组织液渗出。

（3）若伤口感染则局部发生化脓、有分泌物。

3. 处理

（1）清创。用生理盐水清洗伤口。

（2）消毒。用 2.5%碘酒和 7.5%酒精消毒伤口周围。

（3）外敷、包扎。外敷消毒纱布并包扎，必要时口服抗菌药以防感染。

二、膝部常见损伤与处理

膝关节是人身上形态较大、结构比较复杂的关节，它既具有强大而稳定的支撑功能，又具有较强的屈伸功能。膝关节的活动功能不单是由于它的骨结构特殊，而主要是靠关节周围的软组织（如韧带、肌腱、半月板、脂肪垫和其他辅助结构）的作用来实现的。所以，膝关节韧带损伤、髌骨劳损、髌尖末端病、半月板损伤、股四头肌挫伤等都是篮球运动员膝部损伤的常见症状。

（一）膝关节韧带损伤

1. 病理机制

膝关节内、外侧副韧带损伤是膝关节韧带中最常发生的损伤。内侧副韧带的损伤机理与膝外翻有关，即运球后转身时，因中枢脚及小腿固定，大腿随躯干突然内收内旋，在膝关节处形成了一个扭转力，或来自膝外侧的一个向内侧的冲撞力所致。外侧副韧带损伤发病率远比内侧副韧带损伤低，其受伤机理与膝内翻有关。正常人的膝关节有 10° 左右的外翻角，如果在膝关节外侧施加直接的力，或者由于膝关节过度扭转，很容易造成腿部过度外展。它增加了内侧外侧韧带起点和终点之间的距离，导致内侧外侧韧带剧烈粘连，导致其部分或全部纤维断裂并引发疾病。有时，它也会在起点和终点造成骨折。膝关节外侧韧带的大多数损伤是由急剧内收、内旋或大腿外展、外旋（如在腿外侧着地或摔倒）引起踝关节和膝关节旋转，导致膝关节外侧两块骨头之间的距离突然增加并牵拉外侧韧带，从而引起断裂，发病。

2. 膝关节韧带损伤的预防

内侧副韧带损伤的发病率远比外侧副韧带高，且内侧副韧带的严重损伤常合并内侧半月板的撕裂伤，故为预防的重点。除采用一般常规预防措施外，还需注意以下几点。

（1）学习正确的着陆技术。正确的落地技术对于防止膝盖受伤很重要。当运动员落地时，应该先双脚着地，弯曲膝盖，将身体向前倾斜一点。尽量避免膝关节向侧面或前后移动。请记住，着陆时，不要向内转动膝关节，并尽可能减小冲击力。

（2）改进各种转身技术动作。正确掌握各种转身的技术动作，要求队员在完成转身动作时，作为中枢脚的跟部应微离地面，脚的受力点一定要落在前脚掌上，切忌出现"拖脚"动作，这样可以有效地化解膝关节处的扭转力，避免膝外翻伤机制的形成。

3. 膝关节韧带损伤的康复治疗

（1）在受伤现场，局部冷敷和加压包扎是必须实行的应急措施。它可以减少内出血，避免并发症，缩短病程，有利于治疗。

（2）在受伤后可立即用手掌大面积地在受伤部位按压 5～10 分钟，然后用较轻的推拿按摩手法准确而稳妥地推和按，将断裂之韧带理顺、按平，然后外敷新伤药，再行加压包扎。

（3）立即用普鲁卡因和麻黄素注射液做局部封闭，不但可以止疼，还有止血的作用。

（4）在 24～48 小时以内绝对禁止使用热疗类的治疗方法，48 小时后可以适当选用。对慢性损伤者，热疗不但适用，还要以大剂量进行。

（5）一星期后，可以进行股四头肌的功能康复练习。特别是在损伤后，就要在不加重病变的情况下，尽可能早地加强股四头肌内、外侧头的练习。加强膝关节伸屈抗阻练习，防止因局部损伤的瘢痕粘连影响关节的活动度。

（6）在损伤后的治疗过程中和在开始进行功能康复练习时，最好能用粘膏粘贴成支持带，或用弹力绷带予以包扎制动，这样可以避免重复损伤，而且有利于损伤组织的修复。

（7）副韧带完全断裂者，应在早期手术缝合。

（二）半月板损伤

1. 半月板损伤的病理机制

半月板是位于膝关节上下两个关节面之间的软骨组织，从中间一分为二，形状像月牙，所以被称为半月板。半月板具有吸收震荡、缓冲压力、增强膝关节稳定、损害预防功能。半月板损伤可发生在半月板的前部、后部、中部或边缘。损伤的形状可以是横向、纵向、水平或不规则的，甚至可以进入关节内的自由体。大多数人都有创伤史。在急性期，膝关节出现明显的疼痛、肿胀和积液，以及关节弯曲和伸长障碍。急性期后，肿胀和积液可以自行缓解，但在运动过程中，尤其是在上下楼梯、蹲下和站起来、跑步和跳跃等运动中，关节仍然疼痛。

造成半月板损伤的原因可大致分成两类：一类是外伤造成的，另一类是由退行性改变造成的。前者常因急性损伤、膝关节受到暴力而造成。在屈曲的时候，膝关节会做强力外翻，或内翻、内旋，或外旋，半月板上方随股骨髁活动幅度较大，而其下方与胫骨平台之间形成旋转摩擦剪力。

例如运动员做转身跳起投篮动作时，从屈膝、扭转身，到伸膝跳起，若脚步动作稍有不协调或防守队员冲撞，其作轴腿的膝关节半月板极易发生撕裂。

突发的动作力量很大，旋转碾挫力超过了半月板所能承受的活动范围时，即可引起半月板的损伤。退行性改变造成的半月板损伤可无明显急性损伤史，通常是由于经常需要半蹲位或蹲位工作，长期重复膝关节屈曲、旋转和伸直动作，半月板多次被挤压和磨损导致裂伤而成。

2. 半月板损伤的预防

半月板是膝关节的主要组成部分，受伤后恢复缓慢，因此应优先考虑预防。具体预防措施主要包括以下几点：

（1）在培训之前要为活动做好充分准备。内容包括各种拉伸和跑步练习，强度从低到高不等。通过每次伸展关节活动范围增加，肌肉韧带黏度降低，肌肉弹性增加，从而有效预防和治疗运动损伤。

（2）加强下肢肌力和膝关节韧带的辅助训练，特别是股四头肌耐力训练和髌韧带张力拉伸训练，提高膝关节的稳定性和敏感性。

（3）确保赛后恢复。为了使运动员在训练和比赛中保持良好的身心状态，应实施基于科学原则的预防性恢复措施，以提高运动员消除疲劳的速度，避免过度劳累。

（4）制订科学的训练计划，合理组织训练强度和负荷，确保力量状态符合人体机械结构和生理解剖的特点。避免过度疲劳和对身体器官的局部损伤。

3. 半月板损伤的康复治疗

术后晚期骨关节炎的发生率极高，半月板切除严重干扰正常负荷转移。

为了达到尽可能保持半月板的目的，应进行早期诊断和治疗。关节镜可用于治疗半月板损伤，修复接缝可使半月板边缘撕裂。半月板部分切除术通常是为了保留完整的部分。早期怀疑半月板损伤的患者可以进行急诊关节镜检查，早期治疗半月板损伤可以有效预防创伤性关节炎的发展。

（三）髌骨劳损

1. 髌骨劳损的病理机制

髌骨劳损也称髌骨软化症、髌骨软骨病等，是篮球运动中慢性损伤常见的伤病之一。由于运动员在活动中长期对髌骨软骨造成异常的摩擦、挤压等，特别是因篮球运动特点使运动员经常处于半蹲位，对膝关节起固定作用的韧带、肌肉发生了松弛，使膝关节稳定性变小，股四头肌就成了维持膝稳定的主要因素，从而对髌骨软骨增强了摩擦和挤压，更加容易使髌骨软骨发生损伤。篮球运动员常为双侧发病，早期主要表现为膝内酸痛不舒服，在活动或半蹲位时出现。随着病情的发展，可出现疼痛，并逐渐呈持续性和进行性加重。膝关节有不同程度的肿胀，主要是关节腔内产生了积液。髌骨软骨面、股骨软骨面和膑周缘有压疼。半蹲疼试验出现阳性，在股四头肌收缩时也可出现膑下疼痛。

2. 髌骨劳损的预防

内部因素是软骨本身的退化，这与年龄等因素有关。外部因素是导致关节软骨慢性损伤的机械因素。预防髌骨劳损的主要措施是减少对髌骨关节的永久性压力，改善软骨的营养。

3. 髌骨劳损的康复治疗

（1）主动且完全地移动关节。关节运动应在非穿戴条件下进行，例如，躺在床上，主动伸展或弯曲膝关节。每天早晚各一次，每次 10 分钟。关节的充分激活可以刺激髌关节表面的各个部分，滑液中的营养物质可以均匀地渗透到软骨组织中，增加关节的润滑。

（2）防止髌骨关节面持续受压。屈膝位髌骨所受压力较大，容易损伤关节面。要避免持续性蹲位对髌骨关节面的压力。训练中应避免使用可造成髌骨过度负荷的"单打一"训练模式，如在一次、一周或一段时间训练课内，安排的下肢半蹲练习过多或过分集中，均会使膝关节局部负担过重而导致劳损。

（四）股四头肌挫伤

1. 股四头肌挫伤的病理机制

局部股四头肌直接受到外力影响后，会出现局部肿胀、疼痛和有限的功能活动，使股四头肌免受疼痛。在严重的情况下，会形成血肿，膝关节无法弯曲。由于大腿肌肉的轮廓比其他肌肉有更严重的后果，不当的治疗往往会导致功能障碍、纤维和骨肌炎。根据损伤程度的不同，可分为三种类型：轻度、中度和重度。

轻型：损伤面积小，局部压痛轻而有限，能正常行走，膝关节运动可超过 90°，一般不限制深蹲。

中型：肌肉肿胀，压痛明显，走路一瘸一拐，膝关节运动低于 90°，上下楼梯困难，深蹲动作受限。

重型：严重的大腿肿胀，严重的局部疼痛，肌肉形状不清楚，严重的一瘸一拐，由于夜间疼痛而无法入睡，膝盖运动低于 45°，随后患侧出现膝盖积液。

髋关节四头肌挫伤是篮球运动中由直接暴力引起的一种运动损伤。通常由于防守球员在激烈的比赛中用膝盖击打进攻球员的大腿前侧、外侧所致，受伤处剧痛、肿胀、皮下瘀血，不能行走，严重时可形成股四头肌下血肿。

2. 股四头肌挫伤的预防

由于股四头肌挫伤主要来自对方队员的直接外力，故在训练、比赛时，应该采取一定的保护措施，如局部包扎或使用护腿等保护工具。运动中还应强化自我保护意识，提高自我保护技能。

3. 股四头肌挫伤的康复治疗

根据软组织损伤的病理特征，结合四头肌挫伤的特点，损伤后不同阶段可使用以下药物。

早期：受伤后 48 小时内，应及时采取措施，尽量减少出血和局部制动。轻度至中度病例可采用冷敷、磁疗或外用樟脑膏治疗。在严重的情况下，应该使用冷敷和压力绷带来减少不必要的行走。

中期：损伤 48 小时后，主要促进血肿的吸收和组织修复，同时避免进一步损伤。可以使用各种物理疗法，如磁疗、红外线疗法、超短波疗法和热水浴，以及无痛按摩。根据具体情况，每人一到两次治疗通常就足够了。如果痛点集中，也可以局部注射泼尼松。重症患者可以局部使用新伤1号，并根据需要进行加减。

后期：主要包括松开粘连和恢复膝关节的功能。这通常指7天后的重症患者，因为轻中度患者通常在1～2周内康复。可以使用声波电疗、红外线疗法和电针进行治疗。超声波和疏导技术可以在膝关节的同一侧进行，来疏导积液。

功能康复训练时注意：须视损伤程度在受伤静止休息两天后逐步进行。轻中型患者只要少走路，少活动即可。重症患者应在受伤后24小时开始大腿抽搐，每天100至1 000次不等，分多次。2～3天后，可以进行100～1 000次的大腿直抬高和膝关节无痛屈曲和伸展。康复训练应从股四头肌的功能恢复开始，逐渐增加膝盖灵活性，恢复正常行走。受伤一周后，可以进行跑步、快走和逐渐增加深蹲动作。训练的量是由感觉决定的，不会加重四肢的疼痛就可以。运动员在膝盖功能完全恢复之前不应开始正式训练，否则很容易受伤。

三、足踝部常见损伤与处理

（一）足踝部韧带损伤

1. 足踝部韧带损伤的病理机制

此伤也叫足内翻扭伤、足外翻扭伤、崴脚等，比较常见，其中尤其以踝关节外侧韧带损伤较为突出。运动员在跑动、跳跃、扭转和跳起落地时，由于足常在内翻位着地支撑，当脚底受硬物垫撑，或踩在别人脚上，或身体失去平衡，或被踩等原因，导致失去脚的中立位置或者内外翻的韧性水平超过踝关节的正常运动范围，会增加踝韧带一侧的张力从而引起病理变化，导致纤维断裂。在急性损伤期间，会出现强烈的撕裂，有时会听到韧带断裂的声音，导致脚无法支撑在地上。在受伤的几分钟或几小时内，可能会出现不同程度的肿胀，大多数伤者可能会出现皮下瘀伤和局部皮肤发绀，受伤部位肿胀疼痛。

2. 足踝部韧带损伤的预防

在常规训练和运动中，尽量选择平坦的场地，戴上护腕和护膝，并在训练前做足够的热身。训练结束后不要马上坐下来，而是在广场上来回走动，放松一下。对于那些之前脚踝受伤的人，在比赛前后约 30 分钟在踝关节处涂冷水或敷冰块。

经常进行负重提踵、蛙跳等运动项目训练踝关节周围的肌肉，使关节周围的肌肉富有弹力和扩张力，增强关节周围肌肉的力量承受力度。在训练和比赛前，认真进行各 3～5 分钟的足内翻（踝内旋、足内收内翻）和足外翻（踝外旋、足外展外翻）的静力性牵拉练习。在运动过程中注意自我保护，在对抗性很大的比赛中要注意动作，以免受到伤害，平时运动要适量，切勿急功近利、操之过急。训练强度要与自身条件相匹配，身体虚弱时要减少甚至停止运动，训练任务可逐步增加。对踝关节进行踝外旋、足外展外翻、跖伸的抗阻专门练习不能间断，要坚持对踝关节的韧性训练，注意正确运用运动的技术，加强技术练习。

3. 足踝部韧带损伤的康复治疗

应急处理：一旦发生踝关节损伤，紧急处置非常重要，为避免进一步损伤，首先要制动、制肿、止痛：（1）冷敷；（2）加压包扎；（3）以中药或西药敷于患部，消肿、止痛、活血、散瘀；（4）使用保护支持带，保持足踝部的稳定性，用贴膏、弹力绷带或纱布绷带对其适当固定，有利于较快恢复。

一般受伤一周后在配合临床治疗的同时，可开始康复训练。早期练习内容包括：在热水浸泡中和仰卧抬高患肢的条件下，进行踝伸屈练习（切忌做环转、内翻动作），以促进局部血液循环，消除皮下瘀血和肿胀，防止局部粘连；在不产生疼痛的前提下，进行跖肌、腓肠肌等的被动牵拉练习。中期应加强以锻炼和恢复足、踝部肌肉运动精细调节功能为主的训练，如蹬功率自行车、足滚圆木练习等。后期应以增强踝周肌肉、韧带力量和足伸屈肌群的力量为主，尤其要注重与踝外旋、外翻、跖伸功能有关的肌群和韧带的力量训练，如起踵练习、足跖伸（踝屈）抗阻练习等。康复训练后伤踝部常有不同程度的肿胀，故训练后应平卧抬高患肢。

（二）跟腱断裂

1. 跟腱断裂的病理机制

跟腱是人体肌腱仅次于髌腱的最强腱之一，是维持人体站立和运动的主要结构。由于篮球运动的激烈性、对抗性和多变性，许多力量性、躲闪性和争抢性行动，不可能使每一动作都符合跟腱的生理要求，导致跟腱断裂也时有发生。引起跟腱断裂的主要原因：（1）局部过劳并有跟腱周围炎史。大多数的患者受伤前有跟腱下部酸胀和钝痛感，有的正患有跟腱周围炎。跟腱炎的存在是诱发跟腱断裂潜在的重要病理因素。（2）思想和体力准备不足。有些运动员精神准备不够，准备活动草率，急于参赛；偶尔会过度兴奋和准备活动后休息时间过长，突然上场后受伤。（3）连续大强度训练未合理调整，赛前（或训练前）身体过度疲劳。连续大运动量训练和比赛，力不从心，勉强坚持拼搏，特别是每天打两场球时，损伤的可能性大增。

2. 跟腱断裂的预防

（1）消除引起跟腱断裂的主要原因，尤其在思想上要重视跟腱长期过量负荷这种劳损累积造成的跟腱慢性病变，它导致跟腱血液循环障碍而继发其营养不良，使腱组织坏死、退行性变。如有跟腱炎性症状应早期诊断并尽早治疗好炎症，对预防跟腱断裂有较好效果。

（2）在坚持适宜运动量不间断系统训练中，经常要有足背屈提踵等跟腱的柔韧性练习。经常拉伸练习，可以使劳损性轻度炎变产生的肉芽组织、纤维瘢痕病变以及脂肪组织增生等病变好转，增强其牵张应力。

（3）经常进行自我跟腱按摩。闭合性跟腱断裂多发生在距跟结节上3～6厘米的跟腱中下段处。各种研究均证明，该区域小血管数量明显减少，似形成一个无血管区。按摩有助于改善局部血氧供应，减少炎性病变，增强跟腱的抗拉能力。对已发生跟腱周围炎症者，按摩有助于消炎，比单纯以固醇类药物局部封闭效果更好（多次封闭会因局部吸收不良使腱纤维坏死）。

3. 跟腱断裂的康复治疗

（1）一旦确诊为跟腱断裂，特别是跟腱完全断裂，最好不失时机地采用手术治疗。手术方法是将跟腱断端缝合，并用腓肠肌的筋膜做修补予以加固。

（2）对于跟腱部分断裂的患者，如患者无特殊的功能要求，应在损伤后立即冷敷，并用推拿按摩的顺推手法将断裂的腱组织纤维给以理顺复平（手法要正确、稳妥、有力），然后用新伤药外敷，或用消肿散、消淤止痛膏局部外敷，并加压包扎，还可以局部封闭以止疼、止血。

第二节　篮球运动中的常见疲劳与消除

一、篮球运动中的常见疲劳

篮球运动中的常见疲劳，一般分为心理性疲劳和身体性疲劳。在篮球运动训练及其他体育活动中，心理性疲劳和身体性疲劳是密切联系的。因而，运动性疲劳通常被认为是身心的疲劳。

（一）心理性疲劳的表现

心理性疲劳是由于心理活动造成的一种疲劳状态。

1. 早期疲劳

心理性疲劳的早期主要表现为：大脑兴奋性提高，内抑制能力减弱。表面上看，人的工作速度在加快，各种次要活动（如起身喝水、上厕所）频率增多。有的人开始烦躁不安，还有的人则表现得很兴奋，这些都是疲劳的早期表现，即心不在焉、注意力不集中、精细工作时出现错误的次数增加。

2. 中度疲劳

心理性中度疲劳的主要表现为：大脑皮层兴奋性和内抑制能力都减弱，如瞌睡、打哈欠、头昏脑涨、全身无力、肌肉松弛等。如继续工作，则会出现烦躁不安、易激怒和发脾气，对周围的很小刺激都很敏感。工作效率降低，容易出现各种显而易见的错误。

3. 慢性疲劳

慢性疲劳又叫过劳。一般来说，心理性过劳的主要表现为：大脑皮层处于高度抑制状态，出现面色苍白，萎靡不振，手部震颤，记忆力和注意力全面减退，工作速度减慢，逻辑思维、抽象判断和想象能力出现明显障碍等现象。

（二）身体性疲劳的表现

身体性疲劳是由身体活动或肌肉活动引起的。

1. 主观症状表现

身体性疲劳的主观症状主要表现为：头部沉重，头昏眼花，眩晕，全身乏力，动作迟钝，注意力和精力不集中，呼吸困难、紊乱，心情焦急，脚步沉重，口舌发干、发黏，打哈欠，出冷汗，心悸、恶心甚至呕吐，有时出现肌肉痉挛或疼痛、眼睛疲劳、视线模糊等。

2. 客观体征表现

身体性疲劳的客观体征主要表现为：动作僵硬、不协调，运动积极性下降，步法紊乱，判断力和反应速度下降，运动单调，动作失误增多，容易发生肌肉痉挛。

3. 过度疲劳表现

过度身体性疲劳地表现为：精神萎靡，对周围事物兴趣不高，食欲减退，饮食量下降，失眠，情绪不稳定，对运动产生排斥心理反应。血液微循环出现血液黏滞现象，组织渗出，使肌肉膨胀僵硬，肌肉酸痛麻木，关节活动困难，骨骼坚固性受到不良影响。严重者还会出现血尿、蛋白尿和心律不齐等现象。

二、篮球运动中的疲劳消除

篮球运动中疲劳消除的方法主要有教育学方法、医疗生物学方法和心理学方法。

（一）教育学方法

1. 放松与整理活动

在消除篮球运动训练疲劳方面，放松与整理活动不仅可以使呼吸系统、神经系统、心血管系统和内分泌系统等从适应剧烈运动的状态逐渐过渡到安静状态，而且对于肌肉的放松也有着十分积极的作用。一般来说，通过放松与整理活动消除疲劳的方法主要有以下几种。

（1）慢跑和呼吸体操

慢跑和呼吸体操有助于血液循环的改善，并使下肢血液回流的速度加快，这些都对代谢产物的消除具有积极的促进作用。

（2）肌肉、韧带拉伸等放松练习

肌肉、韧带拉伸对减轻肌肉僵硬和酸痛症状，清除肌肉中的乳酸具有十分重要的作用。

2. 持续静力牵张练习

一般来说，静力牵张练习可以有效缓解篮球运动训练后迟发性肌肉酸痛和肌肉僵硬，使肌肉放松，并可加强骨骼肌蛋白质的合成过程，促进骨骼肌变化的恢复。需要指出的是，在进行静力牵张伸展练习时，应遵循以静为主、动静结合的原则。具体来说，在开始进行静力牵张伸展练习时，伸展动作的速度要缓慢，伸展幅度要适当。牵张练习持续时间约1分钟后，注意间歇1分钟，重复2～3次练习为1组。需要指出的是，应根据负荷大小来确定牵张练习时间的长短、重复组数以及每天进行牵张练习的次数等。同时，静力牵张伸展练习最好是在主项训练结束后立即进行，并注意配合揉捏、抖动等按摩手法，从而消除牵张引起的不适感。

3. 睡眠

充足的睡眠是消除疲劳和恢复体力的关键。睡眠是消除疲劳与恢复体力的最常规方法，也是非常有效的方法之一。这是因为，睡眠时大脑皮层的兴奋过程降低，体内分解代谢处于最低水平，而合成代谢过程则相对较高，有利于体内能量的蓄积。通常情况下，运动者每天应保证充足的睡眠时间，时间为8～9小时。大运动量训练和比赛期间，睡眠时间应适当延长。

（二）医学生物学方法

1. 水疗法

实验证明，短时间的冷水刺激可增加肌力，有助于减轻训练疲劳。热水刺激使肌力下降，解除肌肉痉挛。温水刺激可放松肌肉，安抚神经，在刺激血管扩张、促进新陈代谢和血液循环、消除疲劳方面具有重要作用。

2. 按摩

按摩在我国有着悠久的历史，从中医的角度来说，它具有"按其经络，通郁闭之气；摩其壅聚，以散瘀结之肿；舒经活络，宣通气血，缓解痉挛，活血化瘀"的作用和效果。现代医学认为，按摩主要有以下三个方面的作用：

一是能够促进毛细血管扩张；二是能够使局部血液循环和营养状况得到一定程度的改善；三是对于消除肌肉中乳酸和其他代谢产物、消除运动后肌肉酸痛等不适症状、安抚神经等具有非常积极的促进作用。

为了消除篮球运动训练疲劳，通常情况下，运动员的按摩应安排在浴后，按摩的重点部位则主要集中在腰背肌、小腿和肩带肌群等部位。同时，还应根据运动员自身情况，适当调整按摩的时间、深度和力度。

3. 理疗

一般来说，理疗主要包括光疗、蜡疗、电疗等，通过这些方法作用于身体局部或全身，对于血液循环、疲劳的消除和机能的恢复具有很好的促进作用，并且能够取得较为理想的治疗效果。

4. 针灸

在现代篮球运动训练中，为了消除疲劳的肌肉，通常可采用穴位针刺的方法；而消除全身疲劳，则主要采取针扎强壮穴足三里的方法来完成；对于局部疲劳，配合间动电针消除疲劳的作用较为显著。

（三）心理学方法

所谓心理学方法消除运动疲劳，主要是指通过运用心理学对大脑皮层的机能进行调节达到消除疲劳的一种方法。心理学消除疲劳的方法对场地没有要求，只要环境温暖、舒适、安静，没有直射的阳光即可。心理学消除疲劳主要是通过引导词来做一些放松练习，通常持续 20～30 分钟。若在练习的同时配上舒缓的音乐，会取得更为理想的消除疲劳的效果。具体来说，主要有以下两种方法。

1. 音乐疗法

通过舒缓优美的音乐来放松神经系统，使运动者心情舒畅、身心放松，可有效消除篮球运动训练时产生的疲劳。

2. 自我调节法

自我调节法主要包括表象和冥想、偷懒策略、自我积极暗示等几种。

（1）表象和冥想

指每天睡前、醒后都在脑海中像过电影一样，把前一天教练教的动作要领想一遍，再想想自己在哪些方面做得还不够，做好了成绩将能达到什么样的程度。

（2）偷懒策略

一般情况下，教练有时不能适时地安排你去调整，这时如果感觉状态不好，就需要学会主动减轻训练量。要会偷懒，有安排的偷懒是积极性的恢复。自己心里清楚要顶到什么时候，这种偷懒其实就是调整。

（3）自我积极暗示

自我积极暗示是指通过调节让自己看到希望和价值。如可以自己对自己说"你真棒""加油！你一定行！"同时，在失败时能很快调节自己，找出自身训练的问题，并定下一个目标，相信自己还有潜力可以挖掘，还会更好。

第三节　篮球运动中的能量消耗与营养补充

一、人体所需的营养素

人类对食物的生理要求主要在于食物的质量，而不是食物的口味。因为人体需要某些特殊的化合物和元素来营养体内不计其数的各种细胞，主要包括脂类、蛋白质、碳水化合物、矿物质、维生素、食物纤维和水等七类。

（一）脂类

脂类包括脂肪和类脂。主要是由碳、氢、氧三种元素组成。脂类中的必要脂肪酸缺乏，可引起生长迟缓，生殖障碍，以及肾脏、肝脏、神经方面的多种疾病；磷脂的缺乏会造成细胞结构受损，出现毛细血管的脆性增加和通透性增加，皮肤细胞对水的通透性增高引起水代谢紊乱，产生皮疹等。

（二）蛋白质

蛋白质是构成人体细胞的基本成分之一，约占体重的 17%，主要存在于肌肉组织和内脏器官中，骨骼、牙齿和脂肪组织中含量较少。人体的生长发育、衰老的组织更新，损伤组织的修补都依赖蛋白质。蛋白质还可调节生理功能，构成生命活动所需的酶和激素，免疫蛋白还可增强机体抵抗力，为生命活动提供热能。

（三）碳水化合物

碳水化合物也称糖类，一般分为四类：单糖、双糖、寡糖和多糖。碳水化合物的缺乏，会对人体及各器官造成伤害，可引起酮血症。碳水化合物是主要的热能营养素，膳食中的碳水化合物是世界上来源最广、使用最多、价格最便宜的热能营养素。人体每日所需的60%～70%由糖类提供。

（四）矿物质

人体组织中有自然界存在的各种元素。由20多种元素构成人体组织，维持人体生理功能和生化代谢。其中除碳、氢、氧和氮主要以有机化合物形式存在外，其余的均以无机盐的形式存在。

钙、铁、锌比较容易缺乏。钙缺乏可引起血胆固醇和甘油三酯升高，钙摄入不足，可妨碍骨质正常发育。缺铁时新生的红细胞中血红蛋白量不足，甚至影响DNA的合成及红细胞的分裂增殖，还可使红细胞变形能力降低，寿命缩短，自身溶血增加。对人体造成工作效率降低，学习能力下降、冷漠呆板。常有心慌、气短、头晕、眼花、精力不足等状况出现。锌缺乏的影响是生长迟缓、垂体调节功能障碍、食欲不振、味觉迟钝、皮肤创伤不易愈合、易感染等。

钙的食物来源：水产品中小虾皮含钙特别多，其次是海带。豆和豆制品以及油料种子和蔬菜含钙也不少。特别突出的是黄豆及其制品、各种瓜子、芝麻酱等。

铁的食物来源为动物肝脏、动物血、畜禽、肉类、鱼类。

锌的食物来源广泛，牡蛎含量最高，畜禽肉及肝脏、蛋类、鱼及海产品次之，豆类和蔬菜水果类也有不同程度的含量。

（五）维生素

维生素是人体需要量最少的一类必需营养素，但千百年来人们对它并不认识，以至于成千上万的人死于维生素缺乏症。维生素是维持机体正常生理功能及细胞内特异代谢反应所必需的一类微量低分子有机化合物。

维生素A缺乏最明显的一个结果是眼干燥症，患者常感眼睛干燥、怕光、流泪、发炎。其食物来源是各种动物肝脏、奶、禽蛋等。维生素A的良好来源是深色蔬菜和水果。

维生素 D 主要作用是促进人体对钙、磷的吸收，促进骨骼和牙齿的钙化和生长发育。儿童缺乏维生素 D 可引起佝偻病；成人缺乏可致骨质软化症或骨质疏松症。户外活动时，紫外线照射可致维生素 D 合成增加，动物肝脏、鱼肝油、蛋黄、乳类等食品中富含维生素 D。成人每日需要量是 5 微克，儿童和孕妇需要量较多，最高耐受量是 20 微克。

维生素 E 具有保护细胞、抗氧化、抗衰老作用，能提高人体活动能力。维生素 E 缺乏会引起肌肉营养不良和其他组织病变。维生素 E 广泛分布于动植物中。维生素 B_1 较耐高温，在中性和碱性环境中易被破坏。维生素 B_1 能辅助糖代谢，加速糖原分解，维持神经系统的正常功能。

（六）食物纤维

在食物营养成分中，除了上述几种外还有一类多糖物质主要包括纤维素、半纤维素、木质素和果胶等，统称为食物纤维。食物纤维很难消化吸收和被机体利用，但其生理作用却不可低估。

（1）食物纤维虽不能消化吸收，但可以刺激胃肠蠕动，帮助排便。

（2）纤维增多了，一方面可以缩短粪便在结肠中停留的时间，另一方面可使便量增多，这两种功能，都对肠中致癌物质有稀释作用，有助于预防结肠癌。

（3）有人对食用完整苹果、苹果泥和苹果汁做过实验，结果食用完整苹果没有低血糖反跳现象，血糖比较平稳。这说明食物纤维在维持血糖水平方面起着重要作用，因而有预防和治疗糖尿病的作用。

（4）食物纤维吸水性强，有刺激胃肠蠕动的作用，因而可以预防便秘。

（5）食物纤维还能抑制胆固醇的吸收，显著降低血清胆固醇，因而能预防冠心病。

（七）水

水是构成人体一切组织和细胞的主要成分，成人体内的水分约占体重的 65%，儿童甚至高达 80% 左右。水是体内代谢物质的良好溶剂。水的溶解力强，许多物质都溶解于水，它的这种性质不仅有利于营养物质代谢、消化、吸收和利用，而且也为代谢产物的运输和排出创造了条件。没有水作为溶剂，体内各种代谢和生理活动便无法进行。

正常情况下，体内水分的出入量是平衡的。水平衡对维持人体正常生理功能十分重要。体内排出水有尿水、粪便水、呼气水和皮肤蒸发的水，总量约 2 500 毫升。摄入水包括饮水、食物中含的水及食物在代谢中产生的水，总量与排出水相当。其中代谢产生的水，每克糖为 0.6 克，脂肪为 1.07 克，蛋白质为 0.41 克。

二、篮球运动中的能量消耗

（一）运动中消耗能量的过程

人体运动的时候需要消耗能量，其来源实质上是来自体内能源物质的氧化分解。运动越剧烈，能量物质分解越多。因此，消耗的氧必然越多。然而，由于呼吸和循环系统有一定的惰性，不可能在运动伊始就发挥到最高水平，所以氧的供应暂时跟不上需要，这些不足的部分要等到运动后的恢复期来补偿。人体在无氧代谢过程中欠下这部分氧，需要在活动结束后的恢复期内偿还，称为氧债。人体运动时消耗的氧量加上运动后恢复期消耗的氧气量称为总需氧量。人体在运动时每分钟所需要的氧气量，叫作每分需氧量。但是，运动过程中所测的需氧量是包含着维持人体安静状态所需的那部分氧气量在内的。所以，要精确反映某项运动实际所需要的氧气量应该用下列公式来计算：

总需氧量=（运动期的需氧量+恢复期的需氧量）–安静时的需氧量

总需氧量同运动的强度和持续时间基本成正相关。体育运动过程中有有氧代谢和无氧代谢两种，前者是指需氧量完全能从吸氧量中得到满足，体内糖原可以得到充分的氧化分解，没有乳酸的堆积；后者则是指剧烈运动时，需氧量超过人体的最大吸氧量，这时肌肉所需的部分能量就要由糖原的无氧分解来维持，其酵解的中间产物乳酸逐渐在体内堆积。

综上所述，我们可以看出，呼吸系统功能的好坏直接决定着一个人身体健康的程度和运动成绩。而人体运动状态以及所有与运动有关的身体机能的关键又都在于循环系统，主要指心脏和血管组成的闭锁的管道系统。心脏是血液流动的动力，其工作就是推动血液循环。因此，心输出量的大小可以衡量心脏的活动能力。心搏频率简称"心率"，随着年龄、性别和机能状态不

同而不同，成人一般为75次/分钟，女子比男子稍快，缺乏体育锻炼的人比经常锻炼的人快。心率通常被作为检查心脏机能的指标之一，在运动实践中，常用它来反映活动强度等运动量对人体的影响以及自我和医务监督中。心室每收缩一次射出的血量称为每搏输出量，每分钟射出的血量则称为每分输出量。影响心输出量的因素主要有心搏频率、每搏输出量和心肌纤维的初始长度。血管则是运送血液的途径。

经常进行体育锻炼，对呼吸和循环系统有着良好的作用，尤其是可以促进人体的心血管功能提高，可以有效防治"文明病"。经常参加体育锻炼的人安静状态下的每搏输出量比常人大，但每分钟输出量没有显著差异。不过，在完成定量工作时有如下特点：一是动员快；二是潜力大，可以充分调动人体储备力量；三是很快能恢复到安静水平。

（二）体育运动与物质能量代谢

生命的基本特征就在于有机体和周围环境之间不断进行的新陈代谢，包括同化作用和异化作用两个相互联系、相互制约的方面。机体从外界环境中摄取营养物质后，把它们改造成身体自身物质的过程叫同化作用，又称合成代谢；机体把自身的物质进行分解，把分解的产物排出体外，并在物质分解时释放能量供生命活动的需要，叫作异化作用，也叫分解代谢。同时，物质代谢过程必然伴随着能量的转移，这种生物性能量的转移过程叫能量代谢。

物质代谢主要包括糖代谢、蛋白质代谢和脂肪代谢。

糖是人体最经济的供能物质，并可以转变为蛋白质和脂肪。糖代谢主要是通过神经系统及某些激素调节来完成的，但肝和肾对调节血糖也起着重要的作用。

蛋白质是生命的基础，是建造、修补和再生组织的主要材料，其代谢主要是维持氮的平衡。同时，蛋白质也是体内能量来源之一。因此，在整个机体的代谢过程中处于首要地位。蛋白质不能在体内储存，所以每日必须摄取足够的蛋白质，以保证身体的需要。

脂肪则是一种含能量最多的物质，在体内氧化释放的能量是同量糖或者蛋白质的两倍。在进行长时间的运动时，糖是最先的能量来源，糖逐渐减少的时候开始由脂肪来供能。脂肪的代谢一是以"储存性脂肪"的形式储存起来；二是参加构成人体组织；三是再分解为甘油和脂肪酸等；四是被各种腺体利用来生成其他特殊的分泌物。

能量代谢过程则可以使物质的势能变为动能，用于身体运动时的做功。肌肉收缩时，能量的直接来源是三磷酸腺苷（ATP）的分解，最终的来源是糖或者脂肪的氧化分解。通过体育运动，不仅可以提高人体的供能能力，而且还可以使运动时能量的利用出现节省化。从能量消耗的观点来看，能量利用越节约，运动效率越高。

三、篮球运动中的营养补充

篮球运动中营养补充的方法如下。

（一）补液的方法

在篮球运动过程中，大量排汗会导致体液和电解质大量丢失，而使体内正常的水平衡和电解质平衡遭到破坏，造成不同程度的脱水。因此应注意及时补液，具体方法可分为以下三种。

1. 运动前补液的方法

在篮球运动前补充的饮料中可含有一定量的电解质和糖，且要根据具体情况来确定补液的量，如在篮球运动前 2 小时可以饮用 400～600 毫升的含电解质和糖的运动饮料，同时坚持少量多次的原则，每次摄入 100～200 毫升。

2. 运动中补液的方法

通常情况下，篮球运动员在运动过程中会大量出汗，运动前的补液不足难以维持体液的平衡，为预防脱水需要在篮球运动过程中进行补液。补液应采取少量多次的方法，可以每隔 15～20 分钟，补充含糖和电解质的运动饮料 150～300 毫升。同时，注意补液的总量不宜超过 800 毫升/小时。

3. 运动后补液的方法

一般来说，篮球运动员在运动中补充的液体往往小于丢失的体液量，因此在篮球运动后应及时补液。篮球运动后的体液恢复以摄取含糖和电解质饮料效果最佳，饮料的糖含量可为 5%～10%，钠盐含量 30～40 毫摩尔/升，以获得快速复水。同时注意补液应遵循少量多次的原则，切忌暴饮。

（二）补糖的方法

在现代篮球运动中，补糖同样可分为运动前、运动中和运动后三种方法。

1. 运动前补糖

在进行篮球运动前数日可增加膳食中糖类食物，或者在运动前 1～4 小时补糖 1～5 克/千克体重。但应避免在运动前 30～90 分钟补糖，以防止运动时血中胰岛素的升高。

2. 运动中补糖

在篮球运动过程中，应每隔 20 分钟补充含糖饮料或容易吸收的含糖食物，补糖量一般不大于 20～60 克/小时或 1 克/分钟，通常采用少量多次饮用含糖饮料。

3. 运动后补糖

在篮球运动结束后，补糖时间越早效果会越好。这是因为，篮球运动后 6 小时以内，肌肉中糖原合成酶活性高，可有效地促进糖原的合成。较为理想的补糖方法是在运动后即刻、运动后 2 小时内以及每隔 1～2 小时连续补糖，其补糖量为 0.75～1.0 克/千克体重。

（三）补充矿物质的方法

长时间的篮球运动，运动员大量排汗会导致多种电解质丢失。如果缺乏这些对人体运动具有重要作用的元素，就会对人体的运动能力产生一定的影响，并相应产生一些病症。因此，在篮球运动后多食用含矿物质丰富的植物和水果则能使机体对各种矿物质的需求得到较好满足。

需要指出的是，由于矿物质的种类繁多，并且大部分都是机体必不可少的重要营养物质，因此，为了满足机体进行篮球运动训练的需要，不能只片面地注重某种元素的补充，而是应该遵循矿物质补充的平衡性原则，通过补充多种矿物质，来达到较为理想的矿物质补充效果，从而提高运动员的运动能力。此外，矿物质的补充是一个需要长期坚持的过程。

（四）补充维生素的方法

通常来说，进行篮球运动训练的运动者对于维生素的缺乏情况比一般人的耐受性要差。这是因为，首先，在篮球运动训练中，能够使水溶性维生素从汗、尿排泄，尤其是维生素 C 的排泄得到一定程度的加速。其次，篮球运动训练能够增大线粒体的数量和体积，增加酶和功能蛋白质数量，从而进一步增加参与这些物质更新的维生素的需要量。最后，篮球运动训练还会大大增加机体的能量消耗，使物质能量代谢过程有所加速，与此同时，对于各组织更新的加快，维生素利用和消耗的增多具有积极的促进作用。一般来说，篮球运动者对维生素的需要主要取决于运动负荷、机能状态和营养水平等几个方面的因素。维生素的补充对于篮球运动训练具有非常重要的作用和意义。在篮球运动中，必须进行维生素 A、C、E、PP 以及维生素 B_1、B_2、B_6、B_{12} 等的有效补充，从而满足运动者运动的需要。

参考文献

[1] 林德平. 现代篮球教学与训练研究［M］. 北京：九州出版社，2016.

[2] 王勇. 现代高校篮球理论教学与实践［M］. 西安：西工业大学出版社，2016.

[3] 贾志强. 篮球防守技术、战术教练员培养体系研究［M］. 北京：北京体育大学出版社，2014.

[4] 刘畅，黄文杰，尹林. 篮球教程［M］. 成都：电子科技大学出版社，2017.

[5] 刘强. 基于多维视角的高校篮球教学研究［M］. 北京：人民日报出版社，2017.

[6] 罗君波，李政洪. 现代高校篮球运动教学的创新性研究［M］. 长春：吉林大学出版社 2016.

[7] 胡安义，肖信武. 高校篮球技战术教学与实战训练［M］. 北京：人民体育出版社，2010.

[8] 朱淑玲. 篮球运动技战术训练的科学性研究［M］. 北京：地质出版社，2015.

[9] 张秀华. 现代篮球运动发展现状与对策研究［M］. 北京：人民体育出版社，2011.

[10] 刘洋. 现代篮球运动文化解读与发展策略研究［M］. 北京：九州出版社，2017.

[11] 高治，徐琼. 我国青少年校园篮球运动发展的动力机制构建［J］. 武汉体育学院学报，2019，53（9）：82-87.

［12］黄炎. 论小篮球运动与中国青少年的身体素养［J］. 当代体育科技，2018，8（33）：254-256.

［13］赵伟. 南京市青少年篮球俱乐部运营与实践研究［J］. 体育科技，2014，35（2）：63-65.

［14］郑言霞，陆雨驰. 我国青少年篮球运动员专项体能训练现状分析［J］. 湖北广播电视大学学报，2010，30（11）：157-158.

［15］崔建强. 浅谈如何制定青少年篮球体能训练方法［J］. 体育世界（学术版），2010（5）：84-85.

［16］王守恒，朱浩，齐宁. 篮球进攻技战术概念诠释［J］. 首都体育学院学报，2008（1）：5-9+24.

［17］陈志远，李灿. 中国青少年篮球运动员体能训练问题分析［J］. 体育世界（学术版），2010（3）：64-65.

［18］杨桦. 论篮球运动的本质、特征及规律［J］. 成都体育学院学报，2001（4）：60-62.

［19］刘玉林. 世界篮球运动发展趋势和我国篮球运动改革现状［J］. 成都体育学院学报，2000（2）：69-72.

［20］张博，何进良. 对我国青少年篮球运动员训练的探讨［J］. 沈阳体育学院学报，2002（3）：80-83.

［21］路俊奇. 北京市小篮球运动的推广及发展对策研究［D］. 北京：北京体育大学，2019.

［22］孙凤龙. 我国学生篮球运动员培养体系研究［D］. 长春：东北师范大学，2018.

［23］王梁. 青少年男子篮球运动员功能性体能训练的实证研究［D］. 石家庄：河北师范大学，2018.

［24］李彦龙. 篮球运动的本质与价值研究［D］. 武汉：武汉体育学院，2014.

［25］郝家春. 我国男子竞技篮球职业化发展的困境与路径研究［D］. 福州：福建师范大学，2010.

［26］刘颖俊. 现代篮球快攻特点的研究［D］. 北京：北京体育大学，2010.

［27］梁启普. 世界高水平篮球队比赛掩护配合的运用［D］. 北京：北京体

育大学，2010.

[28] 刘卫东. 竞技篮球运动制胜规律的研究 [D]. 苏州：苏州大学，2008.

[29] 宋君毅. 现代竞技篮球防守技术、战术理论与运用研究 [D]. 苏州：苏州大学，2007.

[30] 张勇. 现代篮球战术体系的系统研究[D]. 北京：北京体育大学，2005.